Lehr- und Forschungstexte
Psychologie 48

Herausgegeben von
D. Albert, K. Pawlik, K.-H. Stapf und W. Stroebe

Fritz Strack

Zur Psychologie
der standardisierten Befragung
Kognitive und kommunikative Prozesse

Springer-Verlag
Berlin Heidelberg New York London Paris
Tokyo Hong Kong Barcelona Budapest

Autor des Bandes
Prof. Dr. Fritz Strack
Universität Trier
Fachbereich I — Psychologie
D - 54286 Trier

Herausgeber der Reihe
Prof. Dr. D. Albert, Universität Heidelberg
Prof. Dr. K. Pawlik, Universität Hamburg
Prof. Dr. K.-H. Stapf, Universität Tübingen
Prof. Dr. W. Stroebe, PhD., Universität Utrecht

ISBN 3-540-57813-7 Springer-Verlag Berlin Heidelberg New York
ISBN 0-387-57813-7 Springer-Verlag New York Berlin Heidelberg

Dieses Werk ist urheberrechtlich geschützt. Die dadurch begründeten Rechte, insbesondere die der Übersetzung, des Nachdrucks, des Vortrags, der Entnahme von Abbildungen und Tabellen, der Funksendung, der Mikroverfilmung oder der Vervielfältigung auf anderen Wegen und der Speicherung in Datenverarbeitungsanlagen, bleiben, auch bei nur auszugsweiser Verwertung, vorbehalten. Eine Vervielfältigung dieses Werkes oder von Teilen dieses Werkes ist auch im Einzelfall nur in den Grenzen der gesetzlichen Bestimmungen des Urheberrechtsgesetzes der Bundesrepublik Deutschland vom 9. September 1965 in der jeweils geltenden Fassung zulässig. Sie ist grundsätzlich vergütungspflichtig. Zuwiderhandlungen unterliegen den Strafbestimmungen des Urheberrechtsgesetzes.

© Springer-Verlag Berlin Heidelberg 1994
Printed in Germany

Satz: Reproduktionsfertige Vorlage vom Autor / Herausgeber
SPIN: 10098893   26/3140–543210 – Gedruckt auf säurefreiem Papier

DANKSAGUNG

Die vorliegende Schrift ist nicht allein mein Werk. Sie beruht auf Arbeiten, die ich zusammen mit Freunden und Kollegen in den letzten Jahren durchgeführt habe. Norbert Schwarz und Leonard Martin gilt dabei mein ganz besonderer Dank für die langjährige Zusammenarbeit.

Die Durchführung der meisten berichteten Untersuchungen war nur möglich durch die tatkräftige Unterstützung der Mitarbeiter unseres DFG-Forschungsprojekts. Stellvertretend sei den wissenschaftlichen Mitarbeitern des Projekts Herbert Bless, Brigitte Chassein, Antje Nebel, Sabine Stepper, Dirk Wagner sowie Gerd Bohner und allen Hilfskräften gedankt.

Axel Bühler und Norbert Schwarz schulde ich Dank für die kritische Lektüre des vorliegenden Manuskripts. Durch ihre konstruktive Kritik bin ich auf einige Schwächen und zahlreiche Verbesserungsmöglichkeiten aufmerksam geworden. Selbstverständlich übernehme ich für möglicherweise noch vorhandene Probleme die alleinige Verantwortung.

Bei der Endredaktion des Manuskripts haben mich Geneviève LeMarec, Christoph Burger und Lore Merkt unterstützt. Ihnen bin ich für die sorgfältige redaktionelle Überarbeitung besonders verpflichtet.

Obwohl sie keinen unmittelbaren Einfluß auf die vorliegende Arbeit hatten, schulde ich zwei Personen ganz besonderen Dank: Martin Irle und Robert S. Wyer. Sie haben mich über viele Jahre hinweg auf unterschiedliche Weise gefördert, unterstützt, bestärkt, kritisiert und dabei wesentlich zum Gelingen meiner Forschungsarbeit beigetragen.

GLIEDERUNG

0	Einleitung	1
1	Datenerhebung in den Sozialwissenschaften: Beobachtung vs. Befragung	4
1.1	Beobachtung in den Natur- und Sozialwissenschaften	4
1.2	Die Methode der Befragung und ihre "Standardtheorie"	7
1.2.1	Befragung und Introspektion	7
1.2.2	"Wahrer Wert" und Fehler	9
2	Fehlerquellen bei der Befragung	11
2.1	Merkmale des Befragten als Fehlerquelle	13
2.1.1	Die Motivation der Person als Fehlerquelle: soziale Erwünschtheit	14
2.1.2	Die Kompetenz der Person als Fehlerquelle: Zufallsantworten durch "non-attitudes"	16
2.1.3	Merkmale des Befragten als Fehlerquelle: Kritik	20
2.2	Merkmale der Frage als Fehlerquelle	21
2.2.1	Reihenfolgeeffekte: der Einfluß von anderen Fragen	24
2.2.2	Offene vs. geschlossene Fragen	27
2.2.3	Die Formulierung (wording) der Frage und der Antwortalternativen	28
2.2.4	Fragemerkmale als Fehlerquelle: Kritik	31
2.3	Motivationale Einflüsse der Befragungssituation	32
2.3.1	Die Antwort als Nutzenmaximierung	37
2.3.2	Motivationale Einflüsse der Befragungssituation: Kritik	42

3	"Social Cognition": Sozialpsychologie innerhalb des Paradigmas der Informationsverarbeitung	43
4	Denken, Urteilen, Kommunizieren: Umfrageverhalten in der Perspektive der Social Cognition Forschung	50
4.1	Die Befragung in Alltags- und Umfragesituationen	50
4.2	Antworten in standardisierten Befragungen als Produkt eines Prozesses der Informationsverarbeitung	53
4.3	Die verschiedenen Aufgaben des Befragten in der Umfragesituation	55
4.3.1	Die Interpretation der Frage	55
4.3.1.1	Die Bedeutung von vorangehenden Fragen	59
4.3.1.2	Die Bedeutung der Antwortskala	66
4.3.2	Die Bildung des Urteils	68
4.3.2.1	Die Verfügbarkeit von Informationen bei der Urteilsbildung	70
	a) Information über ein anderes Element derselben Kategorie	71
	b) Information über spezielle Aspekte des Frageinhalts	72
	c) Information über normative Standards	76
	d) Information über eigenes Wissen und Verhalten	78
	e) Information über die eigene Stimmung	80
4.3.2.2	Determinanten der Verwendung von Information	81
	a) Distanz auf der Urteilsskala	81
	b) Zeitliche Distanz	90
	c) Die Erinnerung an die Aktivierungsepisode	94
	d) Regeln der Kommunikation	100
4.3.3	Die Formatierung der Antwort	115
4.3.4	Die Äußerung der Antwort im sozialen Kontext	117

5	**Schlußdiskussion**	**125**
5.1	Die unmittelbare Zugänglichkeit des "wahren Wertes" und die Idee des Fehlers	127
5.2	Die Not und die Tugend der Kontextabhängigkeit: Interpretation von Aggregatdaten und experimentelle Prüfung von Zusammenhängen	130

Literatur 134

Personenverzeichnis 151

Sachwortregister 156

0. EINLEITUNG

Das Wort "Befragung" hat in der deutschen Sprache eine doppelte Bedeutung. Zunächst ist im allgemeineren Sinn die Aktivität gemeint, mit der man "durch Fragen etwas zu erfahren" sucht (Duden, 1976). Spezieller jedoch, und dies ist inzwischen vielleicht die vertrautere Bedeutung, wird unter "Befragung" eine Forschungsmethode der Sozial- und Verhaltenswissenschaften verstanden (vgl. Scheuch, 1967).

Die sozialwissenschaftliche Befragung unterscheidet sich von natürlichen Befragungssituationen dadurch, daß es sich dabei um eine weitgehend standardisierte Interaktion handelt. Das heißt, die Fragestellung erfolgt in einer zuvor festgelegten systematischen Weise und ermöglicht so, anderen Befragten dieselbe Frage in derselben Form zu stellen. Ebenso muß die Antwort in einem zuvor festgelegten Format abgegeben werden, so daß Antworten mehrerer Personen unmittelbar verglichen werden können.

Befragungen, die auf diese Weise "standardisiert" werden, haben in den Sozialwissenschaften oft die Funktion der "Messung", d.h., einer Operation, die einem Objekt einen bestimmten Meßwert zuordnet. Die Idee der Messung impliziert Genauigkeit und damit auch ihr Gegenteil, Ungenauigkeit und Fehlerhaftigkeit. Daher ist es nicht überraschend, daß sich die Sozialforschung mit den Determinanten fehlerhafter Messung bei Befragungen beschäftigt und dabei verschiedene Erklärungsansätze entwickelt hat.

Das Stellen einer Frage im Alltag und die sozialwissenschaftliche Forschungsmethode haben eines gemeinsam: in beiden Fällen möchte der Fragesteller vom Befragten[1]

---

[1] Zur Vereinfachung wurde jeweils nur die männliche Form verwendet.

bestimmte Informationen erhalten. In der vorliegenden Arbeit geht es um Befragung als Informationsgewinnung in beiden Bedeutungen des Wortes. Genauer gesagt, es geht um den Versuch, Erkenntnisse über Befragungssituationen im allgemeinen auf den speziellen Fall der sozialwissenschaftlichen Befragung zu übertragen. Dies geschieht mit dem Ziel, "Störeinflüsse" in der standardisierten Befragungssituation zu verstehen.

Die Überlegungen und empirischen Befunde der vorliegenden Arbeit betreffen zum größten Teil Antworten auf die Frage nach Zufriedenheit und Glück. Es geht um Glück und Zufriedenheit mit dem eigenen Leben im allgemeinen, mit speziellen Lebensbereichen, wie Ehe und Familie, Einkommen oder Wohnung und mit der Bewertung von relevanten Aspekten der Lebensumwelt, zum Beispiel der Politik der gegenwärtigen Bundesregierung. Der Grund für diese Beschränkung ist der Umstand, daß dieser Gegenstandsbereich von der sozialwissenschaftlichen Forschung besonders intensiv und aus unterschiedlicher Perspektive behandelt wurde (vgl. Strack, Argyle, & N. Schwarz, 1991).

Die gewählte Beschränkung impliziert jedoch nicht, daß die hier vorgestellten Überlegungen nur für Fragen nach Glück und Zufriedenheit Geltung besäßen. Vielmehr wird deutlich werden, daß es sich dabei um allgemeine Prinzipien der Urteilsbildung in Befragungssituationen handelt, die auf andere Inhalte mit theoretisch ähnlichen Merkmalen übertragen werden können.

Dazu werde ich zunächst die Befragung in Abhebung von der Beobachtung als sozialwissenschaftliche Forschungsmethode charakterisieren und die theoretische Grundlage dieser Methode beschreiben. Diese Theorie, die auf der Möglichkeit der Introspektion aufbaut, habe ich als "Standardtheorie der Befragung" gekennzeichnet.

Danach werde ich zeigen, daß aus der "Standardtheorie" eine Theorie des Fehlers resultiert, die auf der Abweichung der Antwort von einem sogenannten "wahren Wert" basiert.

Im anschließenden Kapitel werde ich im Rahmen eines allgemeinen psychologischen Verhaltensmodells über unterschiedliche Ansätze zur Untersuchung von Störeinflüssen bei Befragungen berichten. Innerhalb dieses Grundmodells werde ich verschiedene Fehlerquellen unterscheiden. Zum einen werde ich relativ stabile Merkmale des Befragten in Betracht ziehen. Zum anderen werde ich Einflüsse darstellen, die sich auf Merkmale der Frage beziehen, und schließlich werde ich über motivationale Determinanten der Befragungssituation berichten. Die geschilderten Ansätze werde ich jeweils einer kritischen Diskussion unterziehen.

Im dritten Kapitel wird eine neue Forschungsrichtung in der Sozialpsychologie dargestellt, die auf dem Paradigma der Informationsverarbeitung aufbaut. Auf der Grundlage dieses als "social cognition" bezeichneten Ansatzes wird im vierten Kapitel ein alternatives theoretisches Modell der Fragebeantwortung in standardisierten Situationen vorgestellt. Im Rahmen dieses Modells wurden zahlreiche eigene Untersuchungen durchgeführt, in denen Kontexteinflüsse aufgezeigt werden, die in unterschiedlichen Phasen der Fragebeantwortung auftreten. Über diese Untersuchungen werde ich berichten und sie, soweit sie noch nicht in veröffentlichter Form vorliegen, in Methode und Ergebnissen ausführlich darstellen. Dabei wird die Aufmerksamkeit in besonderem Maße auf das Zusammenspiel von kognitiven und kommunikativen Prozessen gerichtet werden.

Aus dieser Sichtweise ergeben sich einige Konsequenzen für die Verwendung standardisierter Befragungen in der sozialwissenschaftlichen Forschung, die ich zum

Abschluß der Arbeit diskutieren werde. Dabei werde ich vor allem die Idee der sozialwissenschaftlichen Messung durch Befragung in neuem Licht betrachten und die Frage nach dem Gegenstand der Messung, dem sogenannten "wahren Wert", neu aufwerfen.

1. Datenerhebung in den Sozialwissenschaften: Beobachtung vs. Befragung

1.1 Beobachtung in den Natur- und Sozialwissenschaften

Für die empirischen Wissenschaften, deren Selbstverständnis sich durch die Anerkennung der Realität als Prüfungsinstanz für die Geltung einer Theorie konstituiert, spielt die Beobachtung eine zentrale Rolle. Die Beobachtung (und die damit verbundene Beschreibung und Messung) vermittelt zwischen Theorie und Realität und ist somit ein Kernstück empirischer Forschung (vgl. König, 1967).

Jede Beobachtung involviert jedoch bestimmte theoretische Annahmen. Dies wird besonders deutlich, wenn Instrumente als Hilfsmittel der Beobachtung verwendet werden, denn die beobachtete Veränderung des Meßinstruments per se ist nicht von theoretischem Interesse. Die festgestellten Meßwerte sind allein deshalb interessant, weil sie in Zusammenhängen stehen, die den Gegenstand der jeweiligen Theorie ausmachen. Die Verfärbung des Lackmuspapiers ist nur in seltenen Fällen Gegenstand theoretischer Überlegungen (z.B. dann, wenn die Messung selbst in Frage steht), wohl aber der Säuregehalt der jeweiligen Substanz, der für die

Verfärbung verantwortlich gemacht wird. Deshalb muß der Wissenschaftler auf der Grundlage seiner Beobachtung und mit Hilfe von theoretischem Wissen auf die ihn interessierenden Merkmale schließen, er muß seine Beobachtung *interpretieren*. Oft erfolgt die Interpretation bereits im Meßinstrument oder durch die vorprogrammierte Analyse der Daten, wodurch die wissenschaftliche Routinearbeit entlastet wird. Interpretation ist aber auch dann notwendig, wenn keine technischen Hilfsmittel, sondern lediglich der menschliche Wahrnehmungsapparat als Beobachtungsinstrument verwendet wird. Darauf werde ich hier aber nicht weiter eingehen.

Die hier gegebene Beschreibung der Methode der Beobachtung gilt nicht nur für die Naturwissenschaften, sondern auch für die Sozialwissenschaften. Menschliche Äußerungen und Merkmale sind grundsätzlich der Beobachtung durch den Wissenschaftler zugänglich, wobei - ähnlich wie in den Naturwissenschaften - diverse Hilfsmittel benötigt werden.

So sind zunächst eine Reihe von Merkmalen von Personen, wie z.B. das Geschlecht, die Haarfarbe, die Rasse, mit äußeren Kennzeichen verbunden und daher unmittelbar durch die sinnliche Wahrnehmung feststellbar. Andere Merkmale, wie Einkommen, Bildungsabschluß, Familienstand, lassen sich in der Regel indirekt mit einfachen Hilfsmitteln, wie Steuererklärung, Schulzeugnisse, Heiratsurkunde, erfassen. Eine dritte Klasse von Merkmalen, die in der sozialwissenschaftlichen Theoriebildung eine Rolle spielen, sind "subjektive Phänomene" (vgl. Turner & E. Martin, 1984), d.h., Einstellungen, Meinungen, Bewertungen, Stimmungen und Emotionen, Motive, Erwartungen, Interessen. Auch sie können grundsätzlich der Beobachtung zugänglich gemacht werden.

Allerdings erfordert die Erfassung von subjektiven Phänomenen durch Beobachtung ein weit höheres Maß an Interpretation. So mag der Beobachter aus bestimmten Verhaltensweisen in natürlichen Situationen mit Hilfe von allgemeineren Annahmen auf bestimmte Ausprägungen dieser Merkmale schließen. Wer für "Die Grünen" Flugblätter verteilt, ist wahrscheinlich gegen Atomkraft, hält ein ökologisches Inferno eher für möglich und Giftstoffe in der Nahrung für schädlicher als jemand, der für die CDU wirbt. Diese Schlußfolgerung vom beobachteten Verhalten auf die Einstellung ist jedoch nicht zwingend. So wird man zu einer anderen Einschätzung gelangen, wenn man weiß, daß der Flugblattverteiler auf diese Weise ein bestimmtes Parteimitglied kennenlernen möchte. Und wer lächelt, ist wahrscheinlich in guter Stimmung. Dies wäre jedoch eine Fehlinterpretation des Verhaltens, wenn man weiß, daß dieser Gesichtsausdruck durch das Befolgen einer "display rule" (Ekman, 1982) zustande kommt, die in bestimmten Situationen wirksam wird. Dann wäre das Lächeln weniger für die Stimmungslage diagnostisch als für die Bereitschaft, sich sozialen Normen anzupassen.

Zusammengefaßt heißt dies, der Schluß von beobachtetem Verhalten auf nicht beobachtbare Merkmale der Person ist mit Mehrdeutigkeiten verbunden, die von der Richtigkeit zusätzlicher Annahmen abhängen.

1.2 Die Methode der Befragung und ihre "Standardtheorie"

1.2.1 Befragung und Introspektion

In den Sozialwissenschaften (wie auch in anderen Humanwissenschaften, z.B. in der klinischen Medizin) gibt es neben der Beobachtung sinnlich wahrnehmbarer Merkmale jedoch eine zweite Methode des Zugangs zu Merkmalen des Menschen. Da der Mensch in der Lage ist, Fragen zu beantworten, wird er vom Forscher oft als Informant in eigener Sache herangezogen: als Berichterstatter über das eigene Geschlecht, die Haarfarbe oder die ethnische Zugehörigkeit, über das eigene Einkommen, den Bildungsabschluß und den Familienstand und schließlich über die eigenen Einstellungen, das Wohlbefinden, die Wünsche und Motive (vgl. Duncan, 1984). Es scheint, als gäbe die Technik der Befragung dem Sozialwissenschaftler die Möglichkeit, bestimmte Merkmale seines Forschungsgegenstandes direkter und ökonomischer als durch die Beobachtung zu erfassen und darüber hinaus die Fehlerquellen bei der Interpretation der sinnlich wahrnehmbaren Merkmale zu vermeiden. Um die Gültigkeit dieser Methode zu bestimmen, werden jedoch selten (als Ausnahmen, vgl. Nisbett & T. D. Wilson, 1977; Ericsson & Simon, 1980) explizite Theorien darüber herangezogen, wie die jeweiligen Antworten zustande kommen. Häufiger wird die Übereinstimmung mit Beobachtungsdaten als Gültigkeitskriterium verwendet. Dies ist jedoch nur dann ohne Schwierigkeiten möglich, wenn es sich um beobachtbare Merkmale handelt. Wie oben ausgeführt, können Geschlecht, Rasse, Bildungsabschluß oder Familienstand durch direkte oder indirekte

Beobachtung unabhängig von der Antwort des Befragten erfaßt und zur Überprüfung herangezogen werden.

Wenn die Befragung jedoch auf "subjektive Phänomene" (vgl. Turner & E. Martin, 1984) abzielt, die nicht über unstrittige Außenkriterien validiert werden können, gilt der Inhalt der Frage als Kriterium der Validität. Ist die Frage richtig gestellt, dann kann - so nimmt man an - der Befragte in zutreffender Weise über die Ausprägung des eigenen Merkmals berichten. Nach der bislang unstrittigen Theorie, die dieser Auffassung zugrunde liegt, wird dies möglich durch die Methode der Introspektion. Diese von mir als "Standardtheorie der Befragung" gekennzeichnete Position beinhaltet, daß Personen einen privilegierten und unmittelbaren Zugang zu den Inhalten ihres Bewußtseins haben und daß diese Inhalte von den Personen selbst unverfälscht "abgelesen" werden können (vgl. E. Martin, 1984b)[2].

Auf dieser grundlegenden Annahme basieren viele Meßmethoden in den Sozialwissenschaften. Explizit wird dies zum Beispiel von E. Martin (1984a) für die Umfrageforschung folgendermaßen zum Ausdruck gebracht: "There is a fundamental assumption in survey research that respondents can give valid reports of their own subjective states (S. 298)." Angewandt auf ein konkretes sozialwissenschaftliches Forschungsprogramm, die Erforschung des subjektiven Wohlbefindens, lautet diese Annahme in der Formulierung A. Campbell's (1981, S. 23): "Our use of these measures is based on the assumption that all the countless experiences people go through from day to day add to these general global feelings of well-being, that

---

[2] In der Darstellung der Introspektion als psychologische Grundlage zur Erfassung von "subjektiven Phänomenen" beziehe ich mich durchweg auf das 1984 erschienene zweibändige Werk von Turner und E. Martin (Hrsg.) "Surveying subjective phenomena", in dem sich der aktuelle Stand der Umfrageforschung repräsentiert. Für eine neuere Diskussion der Introspektionsproblematik vgl. Lyons (1986).

these feelings remain relatively constant over extended periods, and *that people can describe them with candor and accuracy.*" (Hervorhebung von mir.)

1.2.2 "Wahrer Wert" und Fehler

Die Befragung als Aufforderung zur Introspektion hat in der Sichtweise der Standardtheorie das Ziel, die tatsächliche Ausprägung des Merkmals, den "wahren Wert" (vgl. Kruskal, 1984) unmittelbar zu erfassen. Dies setzt voraus, daß das subjektive Merkmal (a) in der Person vorhanden und (b) dem Befragten in seiner tatsächlichen Ausprägung bekannt ist. Wie Campbell (1981) ausgeführt hat, ist die introspektive Erfassung des subjektiven Wohlbefindens nur unter der Annahme möglich, daß die Person die Ausprägung ihrer eigenen Zufriedenheit kennt und zutreffend berichten kann. Allerdings gibt es für Berichte über subjektive Phänomene kein Außenkriterium, an dem abgeschätzt werden könnte, ob und in welchem Ausmaß die Antwort eines Befragten dem "wahren Wert" des jeweiligen Merkmals entspricht.

Nun mag man bezweifeln, ob die Antwort auf die Frage nach der Ausprägung eines subjektiven Merkmals immer dem "wahren Wert" entspricht. Solche Zweifel werden durch Befunde genährt, die zeigen, daß die Antwort des Befragten durch Faktoren beeinflußt wird, die in keinem erkennbaren Zusammenhang mit der Ausprägung des "wahren Werts" stehen. So wird oft höheres Wohlbefinden berichtet, wenn die entsprechende Frage in einer Interviewsituation beantwortet wird, als wenn sie in einem Fragebogen enthalten ist (vgl. Smith, 1979; LeVois, Nguyen & Atkisson, 1981). Systematische Antwortunterschiede finden sich auch in Abhängigkeit der Plazierung der Frage im Fragebogen. So wurde die Frage nach dem allgemeinen Wohlbefinden in einigen Umfragen (vgl. Turner, 1984, S. 172) im Kontext einer

Frage nach der Ehezufriedenheit positiver beantwortet als im Kontext einer Frage nach den eigenen finanziellen Bedingungen. In anderen Umfragen dagegen war nach einer vorangestellten Frage zur Zufriedenheit mit der Ehe das berichtete allgemeine Wohlbefinden reduziert (vgl. Schuman & Presser, 1981). Zudem ist die Übereinstimmung der Antworten einer Person über die Zeit hinweg überraschend gering. So fand Glatzer (1984) bei zweimaliger Messung der allgemeinen Lebenszufriedenheit zu Beginn und am Ende eines einstündigen Interviews eine Korrelation zwischen den Antworten in einer Höhe von lediglich $r=.60$. Der Autor gelangt zu dem Schluß, daß dieser Wert "eher als niedrig anzusehen ist, wenn man davon ausgeht, daß der gleiche Sachverhalt gemessen wird" (S. 187).

Aus diesen und ähnlichen Ergebnissen könnte geschlossen werden, daß sich der "wahre Wert" unter bestimmten Bedingungen verändert und deshalb nicht als stabiles Merkmal zu betrachten ist. Diese Annahme steht jedoch im Gegensatz zu theoretischen Überzeugungen, die das Merkmal betreffen. Man nimmt an (vgl. das Zitat aus Campbell, 1981), das subjektive Phänomen des Wohlbefindens bleibe über längere Perioden hinweg konstant. Eine Variation des "wahren" Wohlbefindens während des Interviews widerspräche der dem Merkmal zugrundeliegenden theoretischen Konzeption. Ähnliches gilt für andere subjektive Phänomene, vor allem für Einstellungen (vgl. z.B. Petty & Cacioppo, 1986). Aus diesem Grund wird in der Umfrageforschung die Möglichkeit des "Fehlers" eingeräumt. In gewisser Analogie zum Modell der psychometrischen Messung (vgl. Sudman & Bradburn, 1974) wird die Antwort auf eine Frage als Produkt des "wahren Werts" und von Fehlereinflüssen betrachtet. Neben dem *Stichprobenfehler*, auf den in der Umfrageforschung viel Aufmerksamkeit gerichtet ist, kommt somit dem *Antwortfehler* in der Methodologie der standardisierten Befragung eine große Bedeutung zu. Sudman und Bradburn (1974) sprechen von "response effect", den sie folgendermaßen definieren: "We shall call the amount of error in the response to a question that is associated with a particular factor the *response effect* associated with that factor" (S. 3, Hervorhebung im Original).

Leider kann die Stärke des Antwortfehlers nur indirekt eingeschätzt werden, da für "subjektive Phänomene", wie bereits erwähnt, keine unstrittigen Außenkriterien existieren. Mit dem Ziel, den Fehlerquellen näher zu kommen, wurden in der Methodologie der Umfrageforschung verschiedene Forschungswege eingeschlagen. Im folgenden sollen die wichtigsten Strategien mit ihrem jeweiligen theoretischen Hintergrund und ausgewählten empirischen Befunden exemplarisch beschrieben und kritisch diskutiert werden. Ziel ist dabei nicht die Vollständigkeit der Darstellung, sondern die prototypische Vorstellung der jeweiligen Ansätze. Daran anschließend soll ein eigener Forschungsansatz zur Erklärung von Antwortfehlern vorgestellt werden, der den bisherigen Ansätzen gegenüber gewisse Vorteile aufzuweisen scheint.

2. FEHLERQUELLEN BEI DER BEFRAGUNG

Um die unterschiedlichen Fehlerquellen bei der Befragung theoretisch einordnen zu können, ist es nützlich, sich zunächst einmal die Befragung im Rahmen eines allgemeinen psychologischen Grundmodells vor Augen zu führen.

Abbildung 1 gibt die wesentlichen Elemente einer Befragung wieder: eine Frage wird gestellt, auf die der Befragte mit einer Antwort reagiert. In behavioristischer Sichtweise stellt die Frage den Stimulus dar, der Befragte den Organismus und die

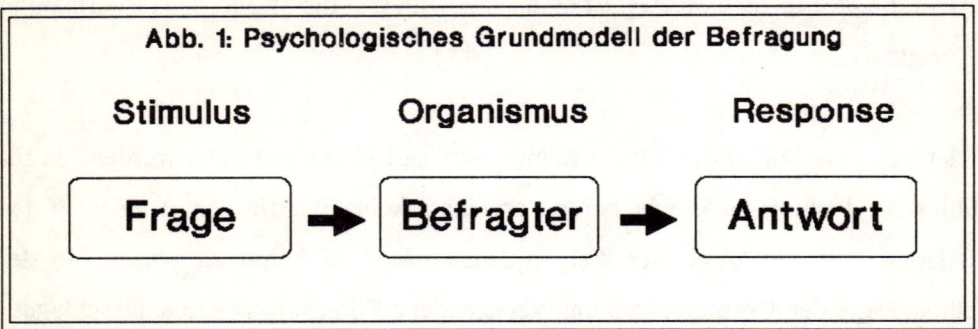

Abb. 1: Psychologisches Grundmodell der Befragung

Antwort den Response. Dieses Grundmodell impliziert eine Kausalbeziehung in der Pfeilrichtung, macht jedoch über die *Art* des Einflusses keinerlei Annahmen. Wie später gezeigt werden soll, setzen Fehlertheorien an unterschiedlichen Elementen des Grundmodells an und können somit als dessen Varianten betrachtet werden.

Um die Bedingungen herauszufinden, unter denen die Antwort eines Befragten von dem zu messenden "wahren Wert" abweicht, wurden verschiedene Forschungsstrategien verfolgt. Diese Strategien unterscheiden sich vor allem in der Lokalisierung der Fehlerquelle. So wurde der Fehlereinfluß in der bisherigen Forschung entweder in über die Zeit hinweg stabilen verfälschenden *Merkmalen der Befragten*, in *Aspekten der Frage selbst* oder in den *motivationalen Einflüssen der Befragungssituation* gesucht. Diese Positionen sollen nun dargestellt und kritisiert werden.

2.1 Merkmale des Befragten als Fehlerquelle

Die Suche nach Fehlerquellen im Befragten folgt im wesentlichen der in Abb. 2 dargestellten Variante A des psychologischen Grundmodells der Befragung. Dabei werden Merkmale der Frage als Fehlerquelle ausgeklammert und Merkmale der befragten Person unterteilt in Merkmale, deren "wahrer Wert" gemessen werden soll, und Merkmale, die zu Meßfehlern führen.

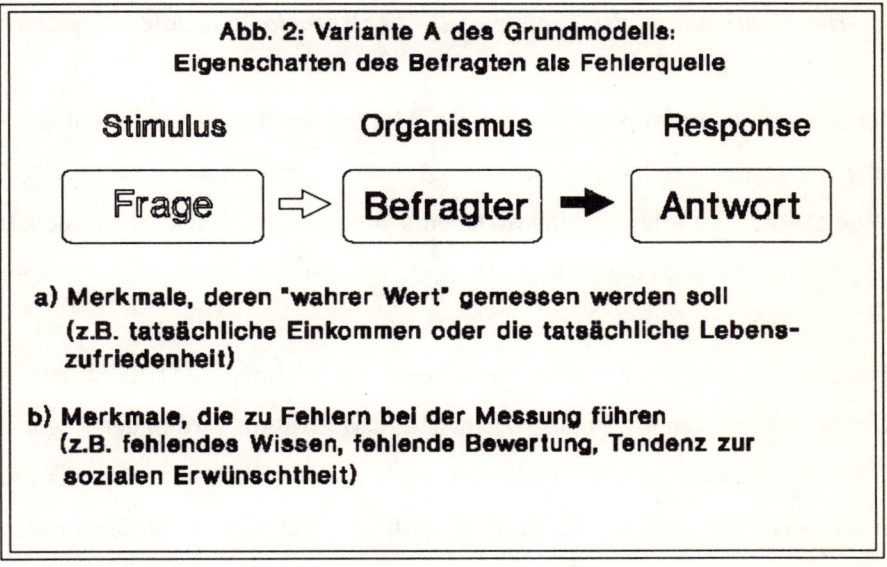

Welche Logik liegt diesem Ansatz zugrunde, wann können Merkmale des Befragten als Fehlereinflüsse beim Bericht über subjektive Phänomene gewertet werden? Ausgehend von der Grundannahme der Umfrageforschung, daß Befragte in der Lage sind, ihre subjektiven Zustände zutreffend zu beschreiben (vgl. E. Martin, 1984b), sollten sich Fehlereinflüsse auf die *Beschreibung* des Zustands (und nicht auf den

Zustand selbst) beziehen. Dies ist in zweierlei Arten von Situationen denkbar: a) wenn der Befragte seinen subjektiven Zustand nicht valide beschreiben *kann*, b) wenn er dies zwar könnte, es aber *nicht will*. Es wird also zu untersuchen sein, ob *Motivation* und *Kompetenz* zum introspektiven Bericht durch Merkmale der Person beeinflußt werden und so zu Antwortfehlern führen. Im folgenden werden die beiden intrapersonalen Fehlerquellen am Beispiel von "Sozialer Erwünschtheit" und "non-attitudes" diskutiert.

2.1.1 Die Motivation der Person als Fehlerquelle: soziale Erwünschtheit

Bei der Untersuchung von verfälschenden Merkmalen der Person stand die situationsübergreifende Tendenz, durch die Antwort beim Interviewer einen guten Eindruck zu machen oder zumindest einen schlechten Eindruck zu vermeiden, im Vordergrund und wurde unter dem Schlagwort "soziale Erwünschtheit" untersucht.

"Soziale Erwünschtheit" als antwortverfälschendes Merkmal der Person[3] betrifft die *Motivation* zum validen Merkmalsbericht. Diese Motivation wird in der Regel als ein über die Zeit hinweg stabiles Bedürfnis nach sozialer Anerkennung (Crowne & Marlow, 1964) verstanden. Sie bewirkt, daß der Befragte nicht die tatsächliche Ausprägung des subjektiven Merkmals berichtet, sondern die Antwort so gestaltet, daß mit ihr soziale Anerkennung erzielt oder zumindest soziale Ablehnung vermieden wird. DeMaio (1984) definiert die Fehlerquelle "soziale Erwünschtheit" als "(..) basic process of respondents answering questions *untruthfully* in order to present a

---

[3] Einflüsse "sozialer Erwünschtheit" wurden ebenfalls in Abhängigkeit von *situationalen* Determinanten erforscht (vgl. dazu Kapitel 2.3 sowie 4.3.4).

more favorable image of themselves to the interviewer" (S.266) (Hervorhebung von mir). Deutlicher ausgedrückt: Befragte mit einem starken Bedürfnis, sozial erwünscht zu antworten, *lügen*, um einen guten Eindruck zu machen. Am Beispiel des subjektiven Wohlbefindens illustriert heißt das: Befragte wissen zwar, daß sie mit ihrem Leben "ganz und gar unzufrieden" sind, berichten aber eine höhere Zufriedenheit, weil sie dadurch soziale Anerkennung erwerben möchten.

Was sind die empirischen Belege für den verfälschenden Einfluß dieses Personmerkmals? Als Beleg für die antwortverfälschende Wirkung des Bedürfnisses nach sozialer Anerkennung werden in der Regel korrelative Zusammenhänge zwischen der Antwort und der Ausprägung des verfälschenden Merkmals herangezogen. So fanden Phillips und Clancy (1972), daß Befragte mit einem hohen Wert auf der Crowne--Marlow-Skala - einem Instrument zur Messung der Tendenz zur sozialen Erwünschtheit - eher die Kategorie "sehr glücklich" verwendeten als Personen mit einem niedrigen Wert auf der Skala. Ähnliche Zusammenhänge werden von Campbell (1976) berichtet. Andere Autoren (z.B. Gorman, 1971; zitiert in Veenhoven, 1984: S. 50) konnten dagegen keinen Zusammenhang zwischen dem Personmerkmal der sozialen Erwünschtheit und subjektiven Phänomenen wie der Lebenszufriedenheit entdecken. Die gefundenen Zusammenhänge sind offensichtlich sehr gering (vgl. auch Diener, 1984) und dazu keineswegs konsistent beobachtbar. Trotzdem gilt "soziale Erwünschtheit" als das wichtigste stabile Merkmal des Befragten, das aus motivationalen Gründen zu Antwortverzerrungen führen kann.

2.1.2 Die Kompetenz der Person als Fehlerquelle: Zufallsantworten durch "non-attitudes"

In der methodologischen Literatur zur Umfrageforschung wurde von P. E. Converse (vgl. z.B. P. E. Converse, 1970) die Vermutung geäußert, fehlerhafte Antworten träten immer dann auf, wenn die zu erfassenden subjektiven Phänomene beim Befragten überhaupt nicht vorhanden seien, er aber trotzdem eine Antwort abgeben möchte. Unter dem Schlagwort "non-attitudes" wurden Fehlereinflüsse durch Annahme dieser strukturellen Voraussetzung erklärt.

Auslöser für den Vorschlag, "non-attitudes" als Fehlerquelle in Betracht zu ziehen, war vor allem der Befund eines überraschend geringen Zusammenhangs von berichteten Einstellungen über drei Erhebungswellen einer Panelstudie hinweg (P. E. Converse 1970; vgl. auch Smith, 1984 sowie Kaase, 1986). Dieses Ergebnis ließ sich nur schwer mit der Annahme einer kontinuierlichen Einstellungsänderung über die Zeit hinweg erklären, denn die Korrelationen verringerten sich keineswegs mit zunehmendem Zeitabstand der Wiederholungsmessung. Außerdem gab es über die Zeit kaum eine Veränderung der aggregierten Einstellungswerte. Schließlich entsprachen die Veränderungswerte einem mathematischen Modell, das für einen Teil der Befragten Zufallsprozesse annahm und für den anderen Teil eine "wahre" Veränderung der Einstellung. Daraus folgerte P. E. Converse, die ermittelte Zufallsverteilung sei von Befragten verursacht, die zum Zeitpunkt der Befragung keine Einstellung zum jeweiligen Gegenstand hatten und deren Antworten daher kein Bericht über ein tatsächlich vorhandenes Merkmal, sondern eine zufallsgenerierte Reaktion darstellten.

"Non-attitudes" wurden vor allem zur Erklärung eines Phänomens herangezogen, das für Umfrageforscher seit langem ein Rätsel war: die Tatsache, daß Befragte Meinungen zu Personen, Sachverhalten oder Ereignissen abgeben, die lediglich in der Phantasie des Fragebogenkonstrukteurs, nicht aber in der Realität existierten (z.B. Hartley, 1946; Schuman & Presser, 1981; Bishop, Oldendick, Tuchfarber & Bennett, 1980; Bishop, Tuchfarber & Oldendick, 1986). Da der Gegenstand der Frage fiktiven Charakter hatte und vom Fragesteller eigens zum Zweck der Untersuchung erfunden wurde, erschien es unmöglich, daß es sich bei der Antwort des Befragten um die Kundgabe einer bereits existierenden Einstellung handelte. Deshalb wurden Antworten auf Fragen zu fiktiven Gegenständen als das Idealbeispiel für zufallsgesteuerte Reaktionen betrachtet. Als Ursache für die Abgabe von Zufallsantworten wurde meist das Motiv der Befragten unterstellt, ihr Unwissen zu verbergen und einen positiven Eindruck zu hinterlassen (vgl. Bishop et al., 1980).

Um die Bereitschaft zu Zufallsantworten zu erklären, wurden ethnische, soziographische und stabile psychologische Merkmale der Befragten herangezogen. Bishop et al. (1980) untersuchten Hautfarbe, Bildung und "interpersonales Vertrauen" als mögliche Determinanten der Bereitschaft, Meinungen zu fiktiven Themen abzugeben. Tatsächlich waren Schwarze, mißtrauische Personen und Befragte mit geringerem Bildungsstand eher bereit, sich zu fiktiven Gegenständen zu äußern. Allerdings widersprechen diese Befunde anderen Untersuchungen, denen zufolge der Einfluß des Bildungsniveaus auf die Bereitschaft zu Meinungsäußerungen vom Inhalt der jeweiligen Frage abhängt (vgl. Schuman & Presser, 1981). Darüber hinaus bleibt ungeklärt, warum das universale Bedürfnis, einen guten Eindruck zu machen, bei unterschiedlichen Personengruppen zu unterschiedlichem Verhalten führt.

In einer späteren Untersuchung haben Bishop und Mitarbeiter (vgl. Bishop et al., 1986) versucht, die Bereitschaft, Meinungen zu fiktiven Sachverhalten zu äußern, mit dem Persönlichkeitsmerkmal "soziale Erwünschtheit" in Verbindung zu bringen. So sollten Befragte mit einer starken Motivation, das eigene Verhalten an die mutmaßlichen Erwartungen der Umwelt anzupassen und auf diese Weise einen positiven Eindruck hervorzurufen, eher zu einer entsprechenden Meinungsäußerung bereit sein als Befragte mit einer geringen Ausprägung dieses Merkmals. Allerdings fanden Bishop et al. (1986), als sie ein Item der "Marlow-Crowne Social Desirability Scale" (vgl. Crowne & Marlow, 1964) in den Erhebungsfragebogen aufnahmen, keinerlei Zusammenhang zwischen der Beantwortung der diagnostischen Frage und der Bereitschaft, Fragen zu fiktiven Gegenständen zu beantworten.

Schließlich erfährt der Versuch, Meinungen zu fiktiven Themen als "non-attitudes" zu behandeln, keinerlei Bestätigung durch die Wahl der Antwortalternativen durch die Befragten. Wären die Antworten tatsächlich zufallsgeneriert, so müßte eine Gleichverteilung über die Antwortalternativen resultieren. Wie Schuman und Presser (1981) am Beispiel eines von den Autoren erfundenen "Agricultural Trade Act" (ATA) jedoch zeigen, unterstützte eine qualifizerte Mehrheit (62 %) der Befragten das fiktive Gesetz, während zufallsbedingt ein Patt zu erwarten gewesen wäre. Darüber hinaus wurden systematische Einflüsse der vorherigen Beantwortung von Fragen zu nicht-fiktiven Gegenständen beobachtet. So fanden Schuman und Presser (1981), daß die Zustimmung zum fiktiven "Agricultural Trade Act" in Beziehung zur Bewertung der Wirtschaftspolitik der Regierung stand. Eine Mehrheit für den ATA ergab sich nur bei Befragten, die eine positive Einschätzung der Wirtschaftspolitik äußerten. Befragte dagegen, die der Regierung ein schlechtes Zeugnis in diesem Politikbereich ausstellten, waren auch mehrheitlich gegen den ATA.

Bewertet man die Bedeutung der empirischen Ergebnisse für den in Frage stehenden Erklärungsansatz, so sprechen die vorliegenden Befunde gegen eine Sichtweise, in der Antworten zu fiktiven Fragegegenständen zufallsgenerierte Reaktionen darstellen, die keinerlei Zusammenhang zu anderen Einstellungen aufweisen und die allenfalls durch die motivational oder sozialstrukturell bedingte Bereitschaft zu vermeintlichen Zufallsantworten erklärt werden kann. Die vorliegenden Ergebnisse machen vielmehr deutlich, daß Meinungen zu fiktiven Themen keineswegs zufallsgesteuert sind, sondern in systematischem Zusammenhang zu Reaktionen auf andere Inhalte stehen und nur schwer über die Bereitschaft zur Antwortabgabe erklärt werden können[4].

Die Annahme, fehlende Einstellungen führten zu Zufallsantworten, hat generelle Kritik am "non-attitudes" Ansatz hervorgerufen. So sehen verschiedene Autoren (z.B. Hagner & McIver, 1980; Schuman & Presser, 1981; Bishop et al., 1986) die Antwortauswahl keineswegs als das Ergebnis eines "geistigen Münzenwurfs" ("flipping mental coins", Schuman & Presser, 1981, p. 159), sondern als das Resultat eines systematischen Prozesses. Darüber hinaus wird die Idee von "non-attitudes" grundsätzlich problematisiert. So wird die von P. E. Converse beobachtete geringe zeitliche Stabilität der Einstellungen auf die mangelnde Reliabilität des Meßinstruments und nicht auf Defizite bei den Befragten zurückgeführt (z.B. Achen, 1975; Erikson, 1979). Smith (1984) macht darauf aufmerksam, daß bei der Charakterisierung von "non-attitudes" wegen der fehlenden Unterscheidung zwischen der bewertenden und der Wissenskomponente einer Einstellung unklar bleibt, ob mit "non-attitudes" nicht vorhandenes *Wissen* zu einem Gegenstandsbereich, ob eine nicht vorhandene *Bewertung* gemeint ist, oder ob beide

---

[4] Später (Kap. 4.3.1.1) wird dargestellt, wie das fragliche Phänomen mit Hilfe eines anderen theoretischen Ansatzes besser erklärt werden kann.

Komponenten fehlen. Für das Verständnis von resultierenden Effekten ist es überaus wichtig zu wissen, ob ein Befragter mit einem Gegenstandsbereich vertraut ist, aber noch keine entsprechende Bewertung generiert hat, oder ob überhaupt kein einschlägiges Wissen vorhanden ist.

2.1.3 Merkmale des Befragten als Fehlerquelle: Kritik

Der persönlichkeitszentrierte Ansatz der Fehleranalyse ist vielfältiger Kritik ausgesetzt. Diese Kritik richtet sich sowohl auf die ermittelten Ergebnisse als auch auf die Methodologie und die Logik des Ansatzes.

Zunächst einmal sind die beobachteten Zusammenhänge durchweg nur schwach ausgeprägt, so daß bereits der praktische Nutzen von Merkmalen der Person für die Fehleranalyse recht gering zu veranschlagen ist (vgl. auch Bradburn, 1983). Daher liegt es nahe, nicht Merkmale der Person, sondern die Art der Frageformulierung als Einflußfaktor heranzuziehen.

Weit schwerwiegender ist jedoch die theoretische Kritik, die an der Logik der Analyse ansetzt. Es stellt sich die grundsätzliche Frage nach der Angemessenheit der korrelativen Methode zur Entdeckung von Fehlereinflüssen. Findet man zwischen der Tendenz zur sozialen Erwünschtheit und dem berichteten subjektiven Wohlbefinden einen Zusammenhang, dann ist - einmal ganz abgesehen von der Kausalrichtung - noch nicht gesichert, daß es sich um einen *verfälschenden* Einfluß handelt. Ebenso wäre es möglich, daß die soziale Erwünschtheit die *tatsächliche* Ausprägung des Merkmals, den "wahren Wert", verändert. So ist es beispielsweise keineswegs ausgeschlossen, daß Personen, die versuchen, den Erwartungen ihrer sozialen

Umwelt gerecht zu werden und Auseinandersetzungen aus dem Weg gehen, glücklicher sind als Personen, die wenig Rücksicht auf die Bedürfnisse anderer Individuen nehmen. Ein hoher Wert auf der Crowne-Marlow-Skala wäre demnach kein Indiz für die Motivation, eine falsche Antwort wider besseres Wissen abzugeben. Eine derartige Interpretation von Korrelationen mit der Crowne-Marlow--Skala wird von verschiedenen Autoren vertreten (z.B. Stocking, 1978, zitiert nach Bradburn, 1983, S. 317). Damit soll nicht die Möglichkeit bestritten werden, daß die Antwortabgabe bei Befragungen durch die Tendenz, sich sozial erwünscht zu verhalten, beeinflußt wird. Fraglich ist nur, ob die behaupteten Fehlerquellen durch Korrelation mit entsprechenden Persönlichkeitsvariablen aufgezeigt werden können.

2.2 Merkmale der Frage als Fehlerquelle

Weniger methodologische Mehrdeutigkeiten entstehen, wenn potentielle Störvariablen nicht in ihrer natürlichen Kovariation mit dem interessierenden Merkmal erhoben werden, sondern wenn die entsprechenden Determinanten vom Forscher selbst systematisch variiert werden. Diejenigen Merkmale in der Befragungssituation, die einer experimentellen Manipulation durch den Umfrageforscher offen stehen, sind in erster Linie die Merkmale der Frage selbst. Im Gegensatz zum zuvor diskutierten Erklärungsansatz, in dem Merkmale der Frage als Fehlerquelle ausgeklammert wurden und die Aufmerksamkeit auf Merkmale der Person gerichtet war, stehen im folgenden Ansatz Fragemerkmale unter Umgehung von Merkmalen des Befragten im Vordergrund. Dies ist in Variante B (Abb. 3) des Grundmodells dargestellt.

Einer der frühesten Frageeffekte, die in die Literatur eingingen, wurde in einer Umfrage beobachtet, die am 1. September 1939, dem Tag von Hitlers Überfall auf

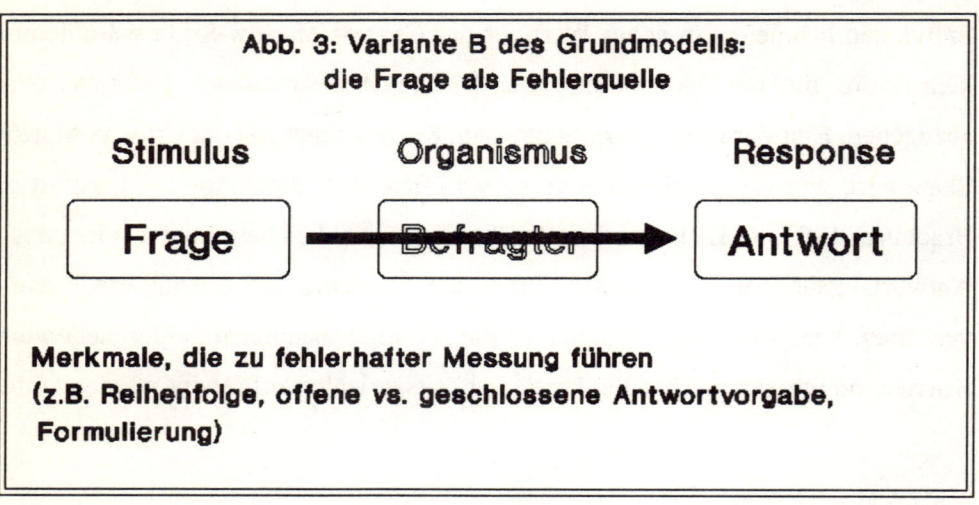

Polen, durchgeführt wurde. In dieser Umfrage wurden amerikanische Bürger gefragt, ob die Vereinigten Staaten ihren Staatsangehörigen erlauben solle, in der Deutschen Wehrmacht zu kämpfen. Es gab drei Antwortmöglichkeiten: "ja", "nein", und "weiß nicht" (vgl. Cantril, 1944). In diesem Zusammenhang wurde die gleiche Frage für die britische und französische Armee gestellt. Es überrascht nicht, daß die wenigsten Befragten diesem lebenswichtigen Problem gegenüber unwissend oder indifferent waren und nicht einmal 10 % die "Weiß nicht"-Kategorie verwendeten. Weit überraschender war der Befund, daß der Anteil der Ja- und Nein-Antworten durch die jeweilige Reihenfolge der beiden Fragen beeinflußt wurde. Wurde die Frage zur Deutschen Wehrmacht zuerst gestellt, antworteten 74 % mit "nein". Wurde jedoch zuerst nach der britischen und französischen Armee gefragt, dann waren anschließend nur noch 61 % dagegen, amerikanische Staatsbürger in der Deutschen Wehrmacht kämpfen zu lassen.

Dieses Beispiel macht deutlich, daß scheinbar unbedeutende Merkmale der Frage selbst, die keine Veränderung des Frageinhaltes darstellen, dramatische Unterschiede in der Antwort hervorrufen können. Daß die Art der Fragestellung die Antwort beeinflussen kann, wurde in 40er Jahren wiederholt experimentell gezeigt (vgl. vor allem Cantril, 1944 sowie Payne, 1951). Allerdings war diese Art der Forschung seit Anfang der 50er Jahre von der wissenschaftlichen Bühne verschwunden und hat erst in jüngster Zeit wieder Interesse gefunden. Marksteine dieser Wiederbelebung sind die Forschungsmonographien von Sudman und Bradburn (1974) sowie von Schuman und Presser (1981). In der Formulierung der letztgenannten Autoren ist es das *Ziel* dieses Forschungsprogramms herauszufinden, "how the ways in which (...) questions are asked in surveys affect the results derived from these same surveys" (S. 2). Zentrale Forschungs*methode* dieses Programms ist das Experiment, genauer gesagt, die experimentelle Umfrage, auch "split-ballot experiment" genannt. Dabei werden diejenigen Frageaspekte, die möglicherweise einen Einfluß auf die Antwort ausüben können, systematisch variiert, so daß einem zufällig ausgewählten Teil der Respondenten die Frage in der Form A vorgegeben wird und einem zweiten Teil in der Form B. Statistisch bedeutsame Antwortunterschiede werden dann auf die Frageform zurückgeführt.

Die untersuchten Merkmale der Fragestellung lassen sich in vier Hauptgruppen unterscheiden, die anschließend an Forschungsbeispielen exemplarisch dargestellt werden. In Anbetracht der Vielzahl der Ergebnisse kann das Ziel der Vollständigkeit der Darstellung selbst in Annäherung nicht ernsthaft angestrebt werden. Im folgenden soll daher mit Hilfe der Beispiele lediglich ein Eindruck von dem Forschungsprogramm vermittelt werden.

2.2.1 Reihenfolgeeffekte: der Einfluß von anderen Fragen

Da eine wissenschaftliche Befragung in der Regel mehr als nur eine Frage enthält, müssen die Fragen in einer bestimmten Reihenfolge angeordnet werden. So ergibt sich für jede einzelne Frage eine relative Position in Bezug auf die anderen Fragen. Unter dem Stichwort "Reihenfolgeeffekte" wurde die relative Position einer Frage als Einflußvariable untersucht. Sie wird von Umfrageforschern als die wichtigste Störquelle bei der Fragebogenkonstruktion angesehen (vgl. Bradburn, 1983).

Genauer betrachtet wird das Antwortverhalten jedoch nicht durch die Position des Items in der Anordnung insgesamt beeinflußt, sondern durch die jeweils vorangehende Frage (vgl. Strack, 1992). Im obigen Beispiel ist es die Frage nach der Erlaubnis, sich der englischen oder französischen Armee anschließen zu dürfen, die zu einer höheren Bereitschaft führt, dasselbe für die deutsche Armee zuzulassen.

Schuman und Presser (1981) unterscheiden Reihenfolgeeffekte danach, ob die beiden Fragen zwei spezielle Aspekte desselben Problembereichs ansprechen ("part-part relation") oder, ob der Inhalt der einen Frage einen speziellen Aspekt des Inhalts der anderen Frage darstellt ("part-whole relation").

Die beiden Fragen nach der Erlaubnis, in ausländischen Armeen kämpfen zu dürfen, sind ein Beispiel für die erste Art des Reihenfolgeeffekts. Dies gilt auch für ein klassisches Experiment von Hyman und Sheatsley (1950). Diese Autoren untersuchten an einer amerikanischen Stichprobe im Jahr 1948 den Einfluß der relativen Position zweier Fragen, die sich auf die Tätigkeit von ausländischen Zeitungsreportern in ihrem Gastland beziehen. In Frage a) ging es um amerikanische Reporter in kommunistischen Ländern und in Frage b) um kommunistische Reporter in

Amerika. In beiden Fragen sollte beurteilt werden, ob das Gastland eine freie Berichterstattung zulassen solle. Dabei zeigte sich, daß bei unbeeinflußter Beantwortung der beiden Fragen (d.h., wenn die jeweilige Frage an erster Stelle stand), die Zustimmung für amerikanische Reporter in kommunistischen Ländern hoch (89.8 %) und für kommunistische Reporter in Amerika niedrig (36.5 %) war. Wurde die jeweilige Frage jedoch an zweiter Stelle beantwortet, dann glich sich die Zustimmungsrate den Antworten auf die vorangegangene Frage an: jetzt waren 73.1 % der Befragten dafür, kommunistische Reporter aus Amerika frei berichten zu lassen, und nur noch 65.6 % waren für freie Berichterstattung von amerikanischen Reportern aus kommunistischen Ländern.

Die zweite Art von Reihenfolgeeffekten betrifft die Abfolge von speziellen und allgemeinen Fragen zu einem Gegenstandsbereich. So wurde beispielsweise nach der allgemeinen Lebenszufriedenheit ("happy with life as a whole") und der speziellen Zufriedenheit mit der Ehe gefragt ("happy with marriage"). Für diesen Lebensbereich werden in der Regel sehr hohe Zufriedenheitseinschätzungen abgegeben. Smith (1979) berichtet über Umfragen, in denen verheiratete Befragte mit ihrem Leben im allgemeinen zufriedener waren, wenn sie zuvor nach der vergleichsweise höheren Zufriedenheit mit ihrer Ehe befragt wurden. Umgekehrt hatte jedoch die allgemeine Frage keinen Einfluß auf die spezielle Frage.

Die bisherigen Beispiele des Positionseinflusses illustrieren einen *gleichgerichteten* Effekt. Das heißt, die Beantwortung der ersten Frage erhöht die inhaltliche Ähnlichkeit der Antwort auf die zweite Frage. Andere Autoren sprechen von einem "Konsistenzeffekt" (Schuman & Presser, 1981) oder einem "Assimilationseffekt" (L. L. Martin, 1986). Umgekehrt gibt es aber auch Beispiele für *gegengerichtete* Effekte, wenn sich die Beantwortung der zweiten Frage in stärkerem Maße unterscheidet. Im allgemeinen spricht man dann von "Kontrasteffekten".

Ein solches Beispiel ist die Frage nach der Zulässigkeit von Abtreibungen. Schuman und Presser (1981) fanden heraus, daß die generelle Frage nach der Zulässigkeit von Abtreibungen weniger zustimmend beantwortet wird, wenn zuvor gefragt wurde, ob eine Abtreibung für den speziellen Fall einer Behinderung des Kindes erlaubt sein sollte. Während die Zustimmungsrate im speziellen Fall unabhängig von der relativen Position der Frage bei über 80 % lag, reduzierte sich der Anteil der Zustimmungen zur allgemeinen Frage von 60.7 % auf 48.1 %, wenn die spezielle Frage zuerst gestellt wurde. Schuman und Presser (1981) berichten einen ähnlichen "part-whole" Kontrasteffekt, für die allgemeine Lebenszufriedenheit und die Zufriedenheit mit der Ehe. Diese Ergebnisse widersprechenden zuvor berichteten Befunden von Smith (1979).

In zahlreichen anderen Untersuchungen (z.B. Metzner & Mann, 1953; Trussell & Elinson, 1959; Bradburn & Mason, 1964) hatte dagegen die Variation der Fragereihenfolge keinen nennenswerten Einfluß auf die Antwort. Angesichts der unübersichtlichen Datenlage kommt Bradburn (1983) zu dem Schluß, Reihenfolgeeffekte seien gegenüber einfachen Generalisierungen "resistent", und es gebe keine allgemeine Theorie, die dem Forscher mitteilen könnte, wann Reihenfolgeeffekte auftreten oder wie sie vermieden werden können.

Diese Schlußfolgerung trägt wenig zum Verständnis von Reihefolgeeffekten bei und ist um so bedauerlicher, als in der Umfragepraxis möglichen Positionseffekten die allergrößte Bedeutung zukommt. Dies gilt in erster Linie für die Interpretation von Antworten auf dieselbe Frage in unterschiedlichen Umfragen. Hat sich der "wahre

Wert" über die Zeit hinweg in der Population geändert, oder muß die Antwort auf den veränderten Fragenkontext zurückgeführt werden? Beispielsweise wäre es nicht legitim, aus der Tatsache, daß in einer 1978 durchgeführten Umfrage 40.3 % der Befragten meinten, eine Abtreibung sollte legal durchgeführt werden dürfen, während in einer 1979 durchgeführten Umfrage 58.4 % dafür waren, auf eine Veränderung der entsprechenden Einstellung zu schließen, wenn man weiß, daß die spezielle Abtreibungsfrage in der früheren Umfrage vorangestellt war (vgl. Schuman & Presser, 1981).

2.2.2 Offene vs. geschlossene Fragen

Ein zweites Fragemerkmal, das in der Umfrageforschung als Einflußfaktor diskutiert wird, ist die Vorgabe von Antwortalternativen. Bradburn (1983) sieht in der Frage, ob die Vorgabe von Antwortalternativen die Qualität der Antworten verbessert oder verschlechtert, eines der am intensivsten diskutierten Themen der Umfrageforschung. Dabei wurde verschiedentlich die Hypothese geprüft, ob offene Fragen vollständigere und "tiefer gehende" Antworten hervorrufen. Es wurde vermutet, offene Fragen reflektierten Bedeutungsnuancen, die verloren gingen, wenn die Reaktion des Befragten in eine Anzahl vorgegebener Alternativen gezwängt werde, während geschlossene Fragen mehr relevante und vergleichbare Antworten generierten. In jedem Fall bewirken vorgegebene Antwortkategorien, daß Inhalte mit in die Antwort einbezogen werden, die vom Befragten im offenen Format, aus welchen Gründen auch immer, vernachlässigt werden. So fanden Schuman und Scott (1987), daß z.B. auf die Frage nach den wichtigsten Ereignissen der letzten 50 Jahre die Erfindung des Computers nur dann mit beträchtlicher Häufigkeit genannt wurde, wenn dieses Ereignis explizit als Antwortkategorie vorgegeben war.

Allerdings sprechen die empirischen Ergebnisse gegen eine durchgängige Überlegenheit von offenen Fragen auf den genannten Dimensionen (vgl. Bradburn, 1983; Schuman & Presser, 1981). Zwar wurden zahlreiche unterschiedliche systematische Einflüsse dieses Fragemerkmals ermittelt - z.B. höhere Häufigkeiten für eigenes problematisches Verhalten bei offenen als bei geschlossenen Fragen (vgl. Blair, Sudman, Bradburn, & Stocking, 1977) -, jedoch lassen sich keine Einflüsse von offenen vs. geschlossenen Fragen nachweisen, die von weiteren Variablen, wie z.B. dem Frageinhalt oder anderen Merkmalen der Befragten, unabhängig wären.

Insgesamt scheint unter Umfrageforschern auf der Grundlage der Datenlage Einigkeit darüber zu bestehen, geschlossenen Fragen in der Regel den Vorzug zu geben. Allerdings werden von Dohrenwend (1965) zwei Ausnahmebedingungen genannt: a) wenn der Forscher an der Augenfälligkeit (salience) von Inhalten interessiert ist und b) wenn im Verlauf der Itemformulierung die unterschiedlichen Dimensionen eines Themas mit dem Ziel der Formulierung einer geeigneten geschlossenen Frage exploriert werden sollen.

2.2.3 Die Formulierung (wording) der Frage und der Antwortalternativen

Es bedarf keiner besonderen Erwähnung, daß die Formulierung einer Frage die jeweilige Antwort beeinflußt. Unterschiedliche Frageinhalte erfordern unterschiedliche Formulierungen und bewirken somit unterschiedliche Antworten. Oft wirken sich jedoch sehr subtile Unterschiede in der Frageformulierung, die mit keiner offensichtlichen Veränderung des Inhalts einhergehen, auf die Antwortverteilung aus (vgl. J. A. Davis, 1976).

Einer der am häufigsten untersuchten Aspekte der Frageformulierung ist die Asymmetrie bei der Verwendung von Antonymen. Am bekanntesten sind die Arbeiten zur Verwendung der Antonyme "verbieten" vs. "erlauben". Wenn "verbieten" das Gegenteil von "erlauben" ist und dieser logische Aspekt die Antwort bestimmt, dann sollte die Verteilung von Ja- und Nein-Antworten spiegelbildlich für die beiden Formulierungen auftreten. Das heißt, etwa derselbe Anteil der Befragten, die mit "ja" auf die "Erlauben"-Frage antworten, sollten bei "verbieten" mit "nein" reagieren. Umgekehrt sollten etwa genauso viele Befragte, die bei "erlauben" "nein" sagen, bei "verbieten" mit "ja" reagieren. Dies ist jedoch nicht der Fall. Bei verschiedenen Fragegegenständen wurde übereinstimmend gezeigt, daß Befragte eher mit "nein" reagieren, wenn das Verb "erlauben" verwendet wird, als mit "ja", wenn die Formulierung "verbieten" vorkommt. Umgekehrt ist der Anteil der "Nein"-Antworten bei "verbieten" höher, als der "Ja"-Anteil bei "erlauben" (vgl. Rugg, 1941; Payne, 1951, Schuman & Presser, 1981).

H. J. Hippler und N. Schwarz (1986) haben dieses Phänomen kürzlich eingehender untersucht und fanden heraus, daß Befragte die ihnen gestellte Aufgabe in Abhängigkeit von der Frageformulierung unterschiedlich definieren. In der Analyse dieser Autoren konzentrieren sich die Befragten auf die Implikationen dessen, was sie zu tun aufgefordert wurden, nämlich etwas zu "verbieten" oder zu "erlauben". Dabei richten sie ihre Aufmerksamkeit nicht auf Implikationen der Negation dieser Handlung. Aus diesem Grund sollten indifferente Versuchspersonen *beide* Fragen verneinen, denn sie wollen die betreffende Position weder unterstützen, indem sie etwas "erlauben", noch wollen sie sich dieser Position widersetzen, indem sie etwas "verbieten". H. J. Hippler und N. Schwarz (1986) stellten fest, daß unter den "indifferenten" Befragten 73.3 % angaben, ein bestimmter Sachverhalt sollte "nicht erlaubt" werden, und gleichzeitig 81.2 % antworteten, er solle "nicht verboten" werden. Diese Ergebnisse zeigen, daß Antworteffekte, die durch unterschiedliche Frageformulierungen ausgelöst werden und die zu logisch widersprüchlichen Ergebnissen führen, dadurch erklärt werden können, daß die Antwort der Befragten bisweilen auf der konkreten Handlung basiert und die logischen Konsequenzen der Antwort nicht in das Kalkül einbezogen werden.

Andere empirisch untersuchte Aspekte der Frageformulierung betreffen Qualifizierungen, wie z.B. der Zusatz "to stop a communist takeover" zu der Frage "If a situation like Vietnam were to develop in another part of the world, do you think the United States should or should not send troops?". Wenn der spezielle Zweck der Maßnahme in die Frage aufgenommen wurde, fanden Schuman und Presser (1981) in mehreren Umfragen in den Jahren 1974 bis 1978 eine konsistent höhere Zustimmung, als wenn die Frage ohne den Zusatz gestellt wurde (vgl. Schuman & Presser, 1981).

Eng verwandt mit Problemen der Frageformulierung ist die Verwendung einer neutralen Kategorie. Auch in diesem Bereich liegen vor allem von Schuman und Presser (1979) Arbeiten vor, in denen Befragte, die keine Meinung zu dem jeweiligen Thema hatten, dies auf unterschiedliche Weise mitteilen konnten. Die Autoren fanden einen größeren Anteil von Meinungslosen, wenn eine entsprechende Antwortmöglichkeit explizit vorgegeben wurde, als wenn "keine Meinung" lediglich als spontane Reaktion des Befragten in die Auswertung einging. Außerdem veränderten sich die Anteile der substantiellen Antworten in Abhängigkeit vom Fragegegenstand. Schließlich wurden die Interkorrelationen zwischen verschiedenen Einstellungsmaßen beeinflußt, wenn eine neutrale Kategorie vorgegeben wurde. Allerdings ließ sich das Ergebnismuster mit anderen Inhalten nicht replizieren.

2.2.4 Fragemerkmale als Fehlerquelle: Kritik

Die innerhalb des geschilderten Programms erhaltenen Forschungsergebnisse zeigen, daß vom Inhalt weitgehend unabhängigen Merkmalen einer Frage ein beträchtlicher Einfluß auf die Beantwortung zukommt. Dieser Einfluß ist in zahlreichen Experimenten deutlich aufgetreten, und von daher scheint die praktische Relevanz des Ansatzes unbestritten.

Allerdings waren Replikationen der Effekte mit anderen Inhalten nicht immer erfolgreich. Aus diesem Grund ist die Generalisierbarkeit der Ergebnisse nur mit Schwierigkeiten möglich (vgl. Schuman & Presser, 1981). Turner (1984) bewertet den wissenschaftlichen Ertrag des Programms folgendermaßen: "While these experiments demonstrate the presence of some large effects due to experimental variations in survey context, the unanticipated nature of many of these findings and the inconsistency of the results themselves testify dramatically to our inability to anticipate the impact of commonvariations in survey procedure" (S. 160).

Aus diesem Grund wird von verschiedenen Autoren eine theoretische Grundlegung von Antworteffekten gefordert (z.B. Bradburn, 1983). Dabei stellt sich die Frage, auf welcher Analyseebene eine solche Theorie angesiedelt sein sollte. Versuche der Generalisierung von Antworteffekten wurden bisher auf der Stimulusebene der Befragungsmerkmale ohne Bezug auf Prozesse vorgenommen, die im Befragten ablaufen (als Ausnahme vgl. H. J. Hippler & N. Schwarz, 1987). Wie erwähnt, war dieses behavioristische Vorgehen jedoch mit wenig Erfolg gekrönt. Deshalb ist es zweifelhaft, ob eine fruchtbare Theorie von Frageeffekten lediglich auf der Stimulusebene der Befragungssituation angesiedelt sein kann oder ob Prozesse innerhalb der Person in die Theoriebildung einbezogen werden müssen. Es scheint, daß die geringe Generalisierbarkeit der Ergebnisse gerade darauf zurückzuführen ist, daß Wissen über psychologische Prozesse kaum Eingang in die Analyse und Theoriebildung gefunden hat. Auch zahlreiche Umfrageforscher sehen das Defizit in der mangelnden psychologischen Fundierung der Analyse von Antworteffekten. So kommt Turner (1984) zu dem Schluß: "the most fundamental phenomena of survey research are quintessentially social psychological in character. (..) The burden of the observed anomalies should prompt a reconsideration of the social psychological foundations of survey research" (S. 202).

Ein weiteres Problem wird deutlich, wenn man die Frage nach dem "wahren Wert" und dem Fehler stellt. Sicher wird kein Umfrageforscher einen Antwortunterschied, der durch eine gezielte Veränderung der Reihenfolge zustande kam, einem Unterschied im "wahren Wert" des Merkmals zuschreiben. Das impliziert jedoch nicht, daß unter der ursprünglichen Reihenfolge der "wahre Wert" gemessen wurde, während durch die veränderte Reihenfolge ein Fehlereinfluß eingeführt wurde. Die Frage, welche Merkmale eine Messung des "wahren Wertes" ermöglichen und welche Merkmale einen verfälschenden Einfluß ausüben, ist, wenn überhaupt, schwer beantwortbar. Dieses Problem wird am Ende der Arbeit noch einmal aufgegriffen und ausführlicher behandelt.

2.3 Motivationale Einflüsse der Befragungssituation

Da jede Befragung eine konkrete soziale Situation darstellt, wurden in der einschlägigen Forschung häufig situationale Einflüsse auf die Antwort untersucht. Dabei wurden einmal unterschiedliche Methoden der Befragung (persönliches Interview, Telefoninterview, Fragebogen) verglichen, zum zweiten wurde der Einfluß des wahrgenommenen Zwecks der Befragung untersucht, und schließlich wurden spezielle wahrnehmbare Merkmale des Interviewers (z.B. Hautfarbe und Geschlecht) in ihrer Bedeutung für das Antwortverhalten analysiert. Motivationale Einflüsse der Befragungssituation lassen sich als die in Abb. 4 veranschaulichte Variante des Grundmodells darstellen. Dabei wird über die Grundelemente der Befragung hinaus ein situationaler Kontext in die Analyse mit einbezogen, dessen Anreizmerkmale auf den Befragten einwirken und Verzerrungen bei der Antwort hervorrufen. Diese Anreizmerkmale können als Hinweisreize verstanden werden, die im Befragten bestimmte Handlungsnormen (vgl. Atteslander & Kneubühler, 1975) oder Handlungsziele (vgl. Esser, 1986) aktivieren.

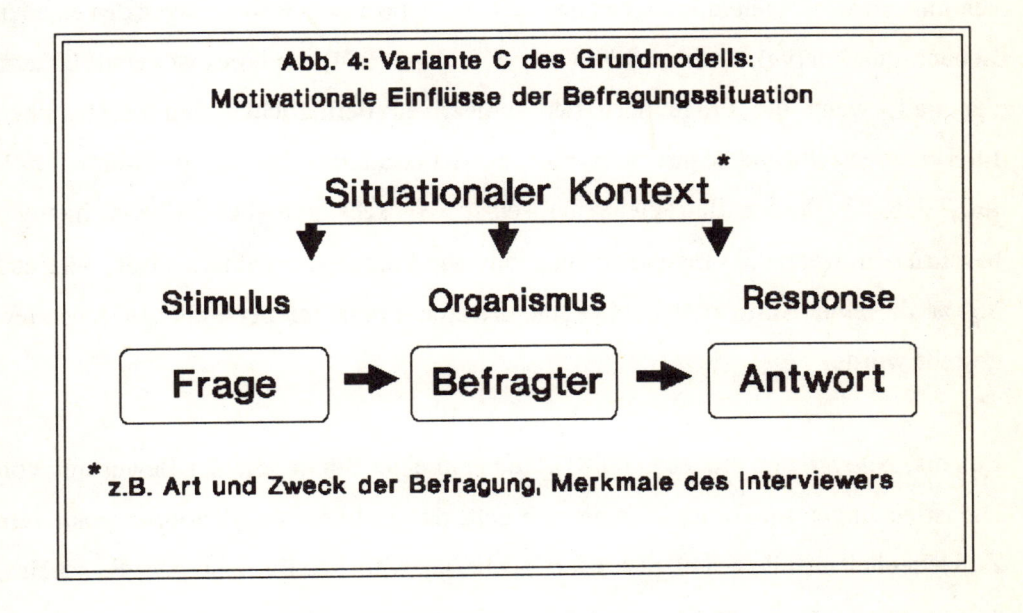

**Abb. 4: Variante C des Grundmodells:
Motivationale Einflüsse der Befragungssituation**

Situationaler Kontext*

Stimulus → Organismus → Response

Frage → Befragter → Antwort

* z.B. Art und Zweck der Befragung, Merkmale des Interviewers

So hat die *Art der Befragung* einen nachgewiesenen Einfluß auf solche Antworten, bei denen der Befragte eine positive oder negative Bewertung seiner Person antizipiert. Eine dem Interviewer im persönlichen Gegenüber geäußerte Antwort wird eher an Vorstellungen sozialer Erwünschtheit angepaßt sein, als die anonyme Antwort in einer schriftlichen Befragung, da die Interviewsituation viel stärker einer sozialen Interaktion gleicht, in der Bedürfnisse der positiven Selbstdarstellung wichtig werden (vgl. Schlenker 1980). In dieser Perspektive wird "soziale Erwünschtheit" somit *situational* definiert, d.h. in Abhängigkeit von Determinanten der Befragunssituation und nicht als Konsequenz eines stabilen Merkmals des Befragten.

Bei Berichten über Merkmale der eigenen Person sind negative Antworten in der Regel eher sozial unerwünscht. Die Antwort auf die Frage "Wie geht's?" lautet bei Befragungen in Alltagsinteraktionen im Normalfall "Danke, gut." Empirische Ergebnisse in sozialwissenschaftlichen Befragungen entsprechen der Alltagsbeobachtung. In Umfragen überwiegen bei weitem die positiven Bewertungen der eigenen Lebenssituation (vgl. Smith, 1979; Glatzer & Zapf 1984), und dies ist verstärkt dann der Fall, wenn die Frage nach der subjektiven Befindlichkeit im persönlichen Interview gestellt und beantwortet wird. So stellte Sudman (zitiert von Smith, 1979) fest, daß 23 % der Befragten sich selbst als "sehr glücklich" ("very happy") beschrieben, wenn die Frage in einem anonymen Fragebogen enthalten war, während 36 % dieselbe Antwort gaben, wenn dieselbe Frage im persönlichen Interview gestellt wurde.

LeVois, Nguyen und Atkisson (1981) fanden in einer Studie, die der Bewertung von Dienstleistungen im Gesundheitsbereich galt, daß in Interviewsituationen positivere Zufriedenheitsurteile geäußert werden, als bei schriftlichen Befragungen. Es scheint, daß negative Urteile im allgemeinen bei persönlichen Befragungen eher vermieden werden. In ähnlicher Weise werden oft höhere Häufigkeiten für sozial erwünschtes und geringere Häufigkeiten für sozial unerwünschtes Verhalten berichtet (vgl. Sudman & Bradburn, 1982).

In ähnlicher Weise kann der wahrgenommene *Zweck der Befragung* die Antwort in sozial erwünschter Weise beeinflussen. Wenn durch die Antwort ein Ziel verfolgt werden kann - z.B. den veröffentlichten Sympathiewert für einen Politiker in einer bestimmten Richtung zu beeinflussen -, so kann die Antwort als Mittel zur Erreichung dieses Ziels eingesetzt werden.

In einer Studie von Atteslander und Kneubühler (1975) wurden mit unterschiedlichen Stichproben dieselben Interviews über Krankheiten, die beim Befragten in der Vergangenheit aufgetreten sind, durchgeführt. Ein Teil der Stichprobe bestand aus Jugendlichen, die sich vor Beginn ihres Wehrdienstes für die Luftwaffe beworben hatten. Die andere Stichprobe waren vergleichbare Schüler einer Großstadt, denen mitgeteilt wurde, die Befragung verfolge das Ziel, Zusammenhänge zwischen Umweltverschmutzung und bestimmten Krankheiten nachzuweisen, und als Folge dieses Nachweises sei mit politischen Maßnahmen gegen die Umweltverschmutzung zu rechnen. Während die erste Gruppe daran interessiert war, ihren Gesundheitszustand möglichst positiv darzustellen, verfolgte die zweite Gruppe eher das entgegengesetzte Ziel. Die Ergebnisse der Studie bestätigen diese Erwartung, wenn man einmal von möglichen Effekten der Selbstselektion absieht. Kandidaten für die Luftwaffe berichten, weit seltener unter bestimmten Krankheiten gelitten zu haben, als Befragte, die in ihrer Antwort einen Beitrag zum Umweltschutz sehen konnten.

Eine dritte Gruppe von Kontextvariablen, die einen Einfluß auf das Antwortverhalten ausüben können, sind spezielle *wahrnehmbare Merkmale des Interviewers*. In der einschlägigen amerikanischen Forschung war es vor allem das Geschlecht und die Hautfarbe des Interviewers, die als Antwortdeterminanten untersucht wurden (z.B. Hyman, 1954; Schuman & J. Converse, 1971). Dabei wurden Antworteffekte vor allem für Fragen beobachtet, deren Inhalt auf Probleme bezogen war, die in einem

Bezug zum Merkmal des Interviewers standen, wie z.B. Fragen zu sexuellen Problemen oder Fragen, die mit Rassendiskriminierung oder Rassenproblemen im allgemeinen zu tun hatten. Während der Einfluß des Geschlechts des Interviewers auf Antworten zu geschlechtsrelevanten Fragen nur vereinzelt nachgewiesen werden konnte (z.B. Benney, Riesman, & Star, 1956, zit. in Sudman & Bradburn, 1974), liegen zahlreiche Ergebnisse zum Einfluß der Hautfarbe des Interviewers vor. So fanden zum Beispiel Schuman und J. Converse (1971) heraus, daß schwarze Befragte gegenüber schwarzen Interviewern in mehreren Fragen radikalere Einstellungen zur Rassendiskriminierung äußerten als gegenüber weißen Interviewern. Ähnliche Ergebnisse wurden von Hyman (1954) berichtet. Allerdings sind auch hier die ermittelten Einflüsse in starkem Maße von den jeweiligen Frageinhalten abhängig.

Theoretische Analysen des Einflusses des situationalen Kontextes richten sich gemeinhin auf die motivationalen Aspekte der Befragungssituation. Im persönlichen Interview möchte der Befragte eher einen positiven Eindruck hinterlassen als in der anonymen schriftlichen Befragung. Eine Befragung, die einem bestimmten politischen Ziel dient, beeinflußt die Motivation, die Antwort instrumentell für oder gegen das Ziel einzusetzen. Schließlich erlauben erkennbare Merkmale des Interviewers dem Befragten, sich in einer Art und Weise darzustellen, die eine positive Bewertung des Interviewers antizipieren läßt oder zumindest negative Reaktionen verhindert. Verschiedene Autoren haben versucht, Verzerrungen im Interview in umfassenderen theoretischen Ansätzen verständlich zu machen. Über einen Ansatz mit einem besonders weitreichenden Erklärungsanspruch wird im folgenden berichtet.

2.3.1 Die Antwort als Nutzenmaximierung

Während die Erforschung der motivationalen Einflüsse in der Regel darauf abzielt, Abweichungen vom "wahren Wert" zu erklären, versucht ein umfassenderer Nutzenansatz das *gesamte* Antwortverhalten unter einer motivationalen Perspektive zu verstehen. Hauptvertreter dieser Richtung ist Hartmut Esser (1986), der seine Position komprimiert dargestellt hat. Während ähnliche motivationale Ansätze auch von anderen Autoren vertreten wurden (z.B. Holm, 1974; Atteslander & Kneubühler, 1975; Steinert, 1984), hat Essers Position den umfassendsten Anspruch und soll aus diesem Grund exemplarisch behandelt werden.

Esser betrachtet die Antwort des Befragten als das Ergebnis einer Handlungsentscheidung, die ihrerseits aus mehreren motivationalen Kräften resultiert. Dabei geht es der Person im wesentlichen darum, ihre jeweiligen Handlungsziele unter den Randbedingungen der jeweiligen Befragungssituation zu realisieren. Der Autor unterscheidet drei Handlungsziele, die in einer Befragung verfolgt werden können: die "personale Identität", die "kulturelle Identität" sowie die "soziale Erwünschtheit". Je nach Ausprägung der "Nutzenintensität" der jeweiligen Handlungsziele sowie der aktuellen Realisierungsmöglichkeit in der Befragung ist die Antwort instrumentell auf die Erreichung des jeweiligen Ziels gerichtet.

Essers Ansatz betont die Wechselwirkung von Merkmalen der Person und der Situation. Dies wird besonders deutlich bei der Diskussion von Einflüssen sozialer Erwünschtheit. Hier richtet der Autor zu Recht die Aufmerksamkeit auf die Tatsache, daß sozial erwünschtes Verhalten voraussetzt, die Art der Verhaltensbewertung im jeweiligen situationalen Kontext erkennen zu können. Für Esser sind es ausschließlich "öffentliche" Interviewsituationen, in denen Merkmale "sichtbar" werden (z.B.

bestimmte Eigenschaften des Interviewers), die dem Befragten eine Einschätzung der sozialen Bewertung des eigenen Antwortverhaltens ermöglicht. Somit kann das Handlungsziel "situationale Erwünschtheit" in "privaten" und anonymen Fragebogensituationen nicht realisiert werden.

In Befragungssituationen dieser Art treten aber die beiden anderen Handlungsziele in den Vordergrund: "personale" und "kulturelle Identität". Während die "kulturelle Identität" vom Autor nur knapp dadurch charakterisiert wird, daß sie sich auf "internalisierte Rollen" und auf die "soziale Kontrolle einer Bezugsumgebung" bezieht, kommt dem Handlungsziel "personale Identität" in Essers Argumentation eine zentrale Bedeutung zu.

Die Bedeutung dieses Handlungsziels leitet sich aus der These ab, der "wahre Wert" sei Bestandteil der "personalen Identität" und mit ihrer Nutzenintensität und Realisierungsmöglichkeit steige die Wahrscheinlichkeit einer "wahren Antwort". Somit scheint Esser die Grundfrage der Umfrageforschung nach dem "wahren Wert" in einer motivationalen Theorie klar beantwortet zu haben.

Da sich eine empirische Prüfung von motivationalen Aspekten der Befragung bisher jedoch auf personale und situationale Einflüsse sozialer Erwünschtheit als Fehlerquelle beschränkt hat, setzt eine noch ausstehende Erforschung der "personalen Identität" als Determinante des "wahren Werts" ein besseres Verständnis dieses Konstrukts voraus. Was also ist "personale Identität"? Leider gibt Esser keine Definition, sondern beschreibt "personale Identität" lediglich als ein Handlungsziel, das eine Dimension von Nutzen in einer bestimmten Intensität aufweist und durch Antworten auf eindeutige Fragen realisiert werden kann.

Fragen wir uns zunächst, was es bedeuten kann, in der "personalen Identität" ein Handlungsziel des Befragten zu sehen. Unter einem Ziel wird gemeinhin ein Zustand (oder Ort) verstanden, der von einer Person *angestrebt* wird. Ist dies durch Handeln möglich, spricht man von einem Handlungsziel. Ist das Ziel erreicht, so kann gegebenenfalls die Erhaltung des Zustands zum Ziel werden. Angewandt auf die Befragungssituation heißt dies, eine Person möchte entweder eine nicht hinreichend vorhandene "personale Identität" durch Handeln erreichen oder eine gefährdete "personale Identität" durch Handeln bewahren. Eine hohe Nutzenintensität des Handlungsziels wäre demnach vor allem dann zu erwarten, wenn (a) dieses Ziel noch nicht erreicht ist oder (b) die Erhaltung des Ziels bedroht erscheint. Umgekehrt sollte die Nutzenintensität "personaler Identität" gering sein, wenn der Befragte das Ziel bereits erreicht hat und keine Gefährdung der Identität zu erwarten ist. Bei hoher Diskrepanz zwischen aktualisierter und angestrebter "personaler Identität" oder bei Gefährdung der Identität (d.h. bei großer Nutzenintensität) sollte in Essers Theorie eine Antwort eher dem "wahren Wert" des Befragten entsprechen, als wenn das Handlungsziel "personale Identität" bereits erreicht wurde (d.h. bei niedriger Nutzenintensität). Auf der Grundlage von psychologischen Erkenntnissen zur Aufrechterhaltung des Selbstwerts (vgl. z.B. Stahlberg, Osnabrügge, & Frey, 1985), ist ein solcher Zusammenhang jedoch keineswegs plausibel und zumindest einer empirischen Prüfung bedürftig. Die empirische Erforschung des Selbstkonzeptes zeigt vielmehr, daß Gefährdungen der Identität am ehesten zu Urteilsverzerrungen führen.

Darüber hinaus scheint Esser seinen eingangs postulierten Nutzenansatz im Laufe der Argumentation nicht mehr stringent aufrecht zu halten, wenn es um die "personale Identität" geht. So wird an späterer Stelle (S. 327, 330) nicht mehr von der Nutzenintensität des anzustrebenden Handlungs*ziels* "Identität" gesprochen, sondern von der Intensität der Identität selbst. Aus dieser Redeweise folgt: "Je stärker die Identität, desto 'wahrer' die Antwort." Diese Position läßt sich im Sinne eines elaborierten Selbstschemas psychologisch überzeugender begründen (vgl. Markus & Wurf, 1987), und hat keinen Platz in einer Theorie der Nutzenmaximierung.

Eine weitere Verständnisschwierigkeit im Zusammenhang mit dem Handlungsziel "personale Identität" betrifft die Auffassung, dieses Ziel könne durch Antworten auf nicht-öffentliche Befragungen realisiert werden. Es ist zu fragen, wie Antworten als Instrument zur Erreichung von Identität wirksam werden können. "Selbstdarstellung" scheidet als mögliche Realisierungsweise aus, da es sich um nicht-öffentliche Handlungen handelt. Eine zweite Möglichkeit wäre der Prozeß der Selbstwahrnehmung. Dieser Ansatz (vgl. Bem, 1967) postuliert, daß Personen von ihrem Handeln auf die eigenen Einstellungen schließen. Dies wurde auch für den Spezialfall von Antworten auf Befragungen gezeigt (vgl. Salancik & Conway, 1975). Allerdings wird in der Selbstwahrnehmungstheorie die Einstellung, die "personale Identität", durch das Antwortverhalten bestimmt, während bei Esser der umgekehrte Kausalzusammenhang postuliert wird. Ähnlich wie zuvor bereits ausgeführt, gilt auch hier, daß psychologische Argumente für eine Korrespondenz zwischen Antwort und Identität (S.327) eher zufinden sind, wenn die "Intensität der Identität" als Antwortdeterminante herangezogen wird, als wenn man umgekehrt die Antwort als Instrument zur Erreichung des entsprechenden Handlungsziels betrachtet.

Schließlich - dieser Punkt soll nur kurz angesprochen werden - ist es keineswegs zwangsläufig, daß die "personale Identität" eher bei eindeutigen als bei mehrdeutigen Fragen durch die Antwort realisiert werden kann. Sicherlich spricht viel dafür, Fragen möglichst deutlich und unmißverständlich zu formulieren. Aber wenn, wie Esser postuliert, die Antwort ein Mittel zum Zweck der persönlichen Identität sein kann, dann sollte eine mehrdeutige Frage diese Funktion noch besser erfüllen. Wenn der Befragte bei der notwendigen Interpretation einer mehrdeutigen Frage die Möglichkeit hat, Bedürfnisse seiner Identität ins Spiel zu bringen, so sollte dieses Handlungsziel eher erreicht werden können, als wenn die Eindeutigkeit der Frage die Instrumentalität der Antwort einschränkt (vgl. z.B. Bruner & Goodman, 1947).

Über die geschilderten theoretischen Probleme hinaus fehlt Essers Nutzenansatz die empirische Überprüfung. Wollte man diesen Ansatz nicht nur zur ex post Interpretation vorliegender Ergebnisse heranziehen, sondern einem empirischen Test unterziehen, dann müßten die Nutzenwerte a priori und unabhängig von der jeweiligen Antwort bestimmt werden. Wie bereits erwähnt, findet sich indirekte empirische Unterstützung lediglich in Ergebnissen zum Einfluß von personal und situational definierter sozialer Erwünschtheit. Zum Kernstück von Essers Theorie, der These, die Nutzenintensität des Handlungsziels "personale Identität" erhöhe die Übereinstimmung der Antworten mit dem "wahren Wert", gibt es keinerlei empirische Evidenz.

Trotzdem macht Esser die weitreichende Behauptung, die vorgelegte nutzentheoretische Analyse der Befragungssituation liefere dem "Artefaktforscher nur wenig Tröstliches" und lasse diesen unter bestimmten Randbedingungen sogar "verzweifeln" (S.332), denn Antworteffekte seien eher die Ausnahme, da man normalerweise eine stabile personale Identität sowie stabile situationale Randbedingungen vorfinde.

Für einen an der Psychologie der Befragung interessierten Sozialwissenschaftler ist es eher Essers Nutzenansatz, der Grund zum Zweifeln gibt. Diese Zweifel entstehen, weil die meisten bekannten Antworteffekte, über die weiter oben berichtet wurde, ohne Veränderung der motivationalen Ausgangsbedingungen auftreten und in Essers Arbeit völlig ignoriert werden.

2.3.2 Motivationale Einflüsse der Befragungssituation: Kritik

Bei aller Kritik darf nicht übersehen werden, daß für den Bereich der motivationalen Kontexteinflüsse aus der Befragungssituation am ehesten theoretische Erklärungsansätze zur Verfügung stehen (z.B. Schlenker, 1980). Dies betrifft jedoch nur den Anteil der Antwortvarianz, der durch Situationsmerkmale verursacht wird, die dem Befragten einen motivationalen Anreiz geben, die Antwort instrumentell zur Erreichung des Ziels einzusetzen, um beim Fragesteller einen bestimmten Eindruck zu erwecken.

Jedoch sollte die Bedeutung dieses Varianzanteils zur Aufklärung von unerwünschter Antwortvariation nicht überschätzt werden. Bradburn (1983) kommt zu dem Schluß, "..interviewer effects are (..) a small source of response effects, particularly when compared with effects associated with questionnaire wording "(S. 315). Für Bradburn sind es "..the characteristics of the task itself, (..) the order of the questions, open versus closed questions, the length and wording of the questions and memory factors (that) play the major role in producing response effects" (S. 318).

Allerdings besteht für Antworteffekte dieser Art ein beträchtliches Theoriedefizit, das von den meisten Autoren in diesem Bereich artikuliert wird. Schuman und Presser (1981) betonen, am dringendsten benötigt werde "theoretically directed research" (S. 313). Bradburn (1983) äußert die Hoffnung, man werde bald dazu in der Lage sein, eine "systematic theory of response effects" (S. 318) zu entwickeln.

Ein geeigneter theoretischer Ansatz sollte in der Lage sein, sowohl Antworteffekte verständlich zu machen, die auf Merkmale der Frage zurückzuführen sind, als auch motivationale Einflüsse der Befragungssituation aufzuklären. Ein solcher Ansatz soll in den folgenden Kapiteln vorgestellt und diskutiert werden. Er basiert auf einem sozialpsychologischen Forschungsprogramm, das mit dem Schlagwort "Social Cognition" gekennzeichnet wird (vgl. Wyer & Srull, 1984) und entspringt der seit einigen Jahren bestehenden Kooperation zwischen Kognitions- und Umfrageforschern (vgl. vor allem Jabine et al.,1984; H. J. Hippler, N. Schwarz, & Sudman, 1987). Bevor jedoch die Bedeutung dieses Ansatzes für die Umfrageforschung aufgezeigt wird, soll das Forschungsprogramm "Social Cognition" innerhalb der Sozialpsychologie dargestellt werden.

3. "Social Cognition": Sozialpsychologie innerhalb des Paradigmas der Informationsverarbeitung[5]

"Social Cognition" ist ein Schlagwort, das in der Sozialpsychologie in den letzten Jahren eine große Bedeutung gewonnen hat. Die Charakterisierung von "Social Cognition" als "Sozialpsychologie innerhalb des Paradigmas der Informationsverarbeitung" beinhaltet bereits einige Annahmen, die erläuterungsbedürftig sind. Es ist zu klären, was unter dem Begriff "Paradigma" verstanden werden soll und was mit "Informationsverarbeitung" gemeint ist.

Der Begriff "Paradigma" (Kuhn, 1967) bezeichnet diejenigen metatheoretischen Grundüberzeugungen, die von denjenigen Mitgliedern einer "scientific community" geteilt werden, die am Forschungsprozeß aktiv beteiligt sind (vgl. R. Lachman, J.

---

[5] Für eine ausführlichere Darstellung, vgl. Strack (1987, 1988).

L. Lachman, & Butterfield, 1979). Forscher, die sich dem Paradigma der Informationsverarbeitung verpflichtet fühlen, stimmen zumindest in drei Grundüberzeugungen überein. Die erste Annahme betrifft die Erklärungsebene. Es ist die Überzeugung, daß befriedigende psychologische Erklärungen auf der *mentalen* Ebene und nicht auf der Stimulus-Response-Ebene angesiedelt sind. Das heißt, das Verständnis organismus-interner Vorgänge - um den behavioristischen Begriff zu benutzen - ist die Voraussetzung für erfolgreiche psychologische Forschung. Zweitens: mentale Vorgänge können als *Prozesse der Verarbeitung von Informationen* verstanden werden, die im wesentlichen der in Abb. 5 dargestellten Standardsequenz folgen. Das heißt, Informationen werden abgespeichert und dabei in mentale Repräsentationen übersetzt. Auf den abgespeicherten Informationen werden Operationen durchgeführt, welche die Art der internen Repräsentation verändern. Schließlich werden Informationen aus dem Gedächtnis abgerufen. Dieses Verständnis mentaler Vorgänge soll erlauben, Psychologie weiterhin als *objektive, empirische Wissenschaft* zu betreiben.

Die Orientierung am Paradigma der Informationsverarbeitung hat das *Selbstverständnis der Sozialpsychologie* nachhaltig verändert. Konnte Gergen noch 1973 feststellen, das Gebiet der Psychologie werde typischerweise als die Wissenschaft vom menschlichen Verhalten definiert, und die Sozialpsychologie sei die Teilwissenschaft, die sich mit menschlicher Interaktion, also mit sozialem Verhalten beschäftige (Gergen, 1973), so kommen Markus und Zajonc zwölf Jahre danach im Handbook of Social Psychology zu dem entgegengesetzten Schluß "..one can no longer view today's social psychology as the study of social behavior. It is more accurate to define it as the study of the social mind" (Markus & Zajonc, 1985, S. 137). Das heißt keineswegs, daß Verhalten und Interaktion nicht mehr als erklärungsbedürftig angesehen würden, es ist lediglich die Überzeugung, daß die Verhaltensebene nicht

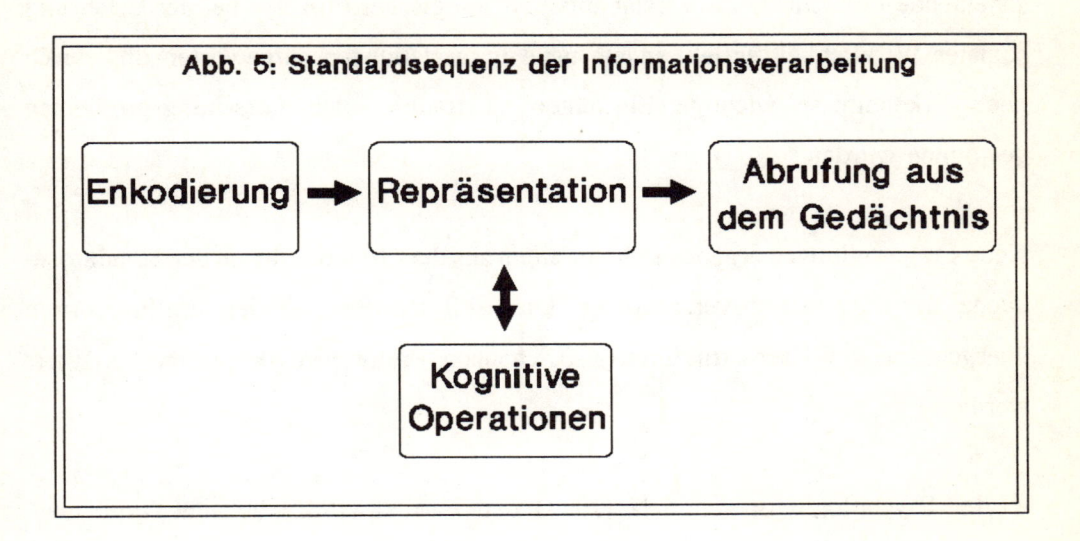

Abb. 5: Standardsequenz der Informationsverarbeitung

Enkodierung → Repräsentation → Abrufung aus dem Gedächtnis

Repräsentation ↕ Kognitive Operationen

die adäquate Analyseebene darstellt und daß soziales Verhalten nur dann befriedigend erklärt werden kann, wenn die verhaltenssteuernden mentalen Prozesse hinreichend verstanden sind.

Zur Einschätzung, ob das Forschungsprogramm "Social Cognition" als Sozialpsychologie innerhalb des Paradigmas der Informationsverarbeitung die gestellten Erwartungen erfüllt, sollen die bisher gewonnenen Erkenntnisse, die Einschätzung ihrer Fruchtbarkeit für wichtige psychologische Fragestellungen, die Nachfrage nach derartigen Erkenntnissen aus Nachbardisziplinen, der Einfluß auf die Integration der Forschung innerhalb der Sozialpsychologie und der Sozialpsychologie selbst innerhalb der restlichen Psychologie bewertet werden.

Auf der Grundlage des Paradigmas der Informationsverarbeitung wurden entscheidende Fortschritte im Verständnis psychologischer Prozesse bei der Erfahrung sozialer Wirklichkeit erzielt, indem neue Fragestellungen aufgeworfen und durch neue Erkenntnisse wichtige Einsichten zu traditionellen Forschungsproblemen gewonnen wurden.

Neue Fragestellungen ergaben sich vor allem aus der Orientierung an der Standardsequenz der Informationsverarbeitung. Dies soll am Beispiel des Einflusses von übergeordneten Wissensstrukturen (also Schemata, Prototypen, Skripts, etc.) erläutert werden.

In der Psychologie ist seit Selz (1913) und Bartlett (1932) bekannt, *daß* übergeordnete Wissensstrukturen psychologische Prozesse bestimmen, und in der Sozialpsychologie wurde bereits in den 50er Jahren von Bruner, Postman und Mitarbeitern (z.B. Bruner, Postman, & Rodrigues, 1951) gezeigt, daß die soziale Wahrnehmung durch solche Strukturen beeinflußt ist. *Wie* Einflüsse übergeordneter Wissensstrukturen im einzelnen ablaufen, blieb dabei allerdings unklar.

Im Vordergrund der am Paradigma der Informationsverarbeitung orientierten Forschung steht die Frage nach dem *Ablauf* psychologischer Prozesse, die Frage nach der Art der Repräsentation von Wissensstrukturen und daraus entstehenden Konsequenzen. Beeinflussen bildhafte Schemata die Informationsverarbeitung in anderer Weise als sprachlich-propositionale Schemata? Zu welchem Zeitpunkt in der Sequenz der Informationsverarbeitung werden Schemata wirksam, und wie werden sie wirksam? Bei der Enkodierung der Information, bei der Durchführung von kognitiven Operationen, der Abrufung der Information aus dem Gedächtnis, oder bei sämtlichen Teilprozessen der Informationsverarbeitung? Speziellere Fragestellungen lenken die Aufmerksamkeit auf unterschiedliche Prozesse bei der Verarbeitung schemakonsistenter und schemainkonsistenter Information, auf unterschiedliche Erinnerungsleistung, auf die Verfügbarkeit von Schemata und Konsequenzen für die Art der Enkodierung und kognitive Operationen, zum Beispiel Wahrscheinlichkeitsschätzungen, und vieles andere mehr.

Zahlreiche neue Forschungsfragen sind aus dem Paradigma der Informationsverarbeitung heraus entstanden, Forschungsfragen, deren sozialpsychologische Relevanz vor einigen Jahren sicherlich sehr bestritten worden wäre und von Forschern, die nicht an diesem Paradigma orientiert sind, auch heute sicherlich noch bestritten wird. Aber neue Fragen sind nicht das primäre Bewertungskriterium, sondern die Antworten, das heißt neue Erkenntnisse und die Fruchtbarkeit dieser Erkenntnisse zur Lösung traditioneller sozialpsychologischer Forschungsprobleme.

Einige ausgewählte Ergebnisse zum Einfluß der Verfügbarkeit von Informationen auf die Urteilsbildung sollen nachfolgend betrachtet werden.

Zunächst bei der Enkodierung. Zur Eindrucksbildung ist es notwendig, aus beobachtetem Verhalten stabile Eigenschaften der Person zu gewinnen (vgl. E. E. Jones & K. E. Davis, 1965). Die Attributionsforschung hat dazu einige rationale Modelle entwickelt (z.B. Kelley, 1967), deren Befolgung jedoch mehr Zeit und Aufwand erfordern als in der typischen Urteilssituation zur Verfügung steht. Neuere Untersuchungen legen nahe, daß Kategorien, die zum Urteilszeitpunkt leicht aus dem Gedächtnis abrufbar sind, die Verhaltensinterpretation beeinflussen (als Überblick, vgl. Wyer & Srull, 1981).

Ob man das Überqueren des Atlantiks in einem Segelboot oder das Landen mit einem Sportflugzeug auf dem Roten Platz als "mutig" oder aber als "leichtsinnig" interpretiert, wird u.a. dadurch beeeinflußt, ob und wie leicht die eine oder andere Kategorie zum Urteilszeitpunkt kognitiv verfügbar ist. Higgins, Rholes, C. R. Jones, Wyer, Srull und viele andere haben gezeigt, daß die Häufigkeit der vorherigen Verwendung der Informationen und der zeitliche Abstand der Verwendung wesentliche Determinanten der Verfügbarkeit sind (z.B. Higgins, Rholes, & C. R. Jones, 1977; Srull & Wyer, 1979, 1980; Higgins, Bargh, & Lombardi, 1985). Daß Informationen auch durch unterschwellige Darbietung aktiviert und dadurch urteilsrelevant werden können, belegen die Arbeiten von Bargh und Pietromonaco (1982).

Nicht nur die Beurteilung von anderen Personen, auch Selbsturteile sind von der Verfügbarkeit von relevanten Informationen abhängig. So wird zum Beispiel die Beurteilung des eigenen Wohlbefindens von der Art der zuvor aktivierten Information über positive oder negative Lebensereignisse beeeinflußt (vgl. Strack, N. Schwarz, & Gschneidinger, 1985; vgl. auch Kap. 4.3.2.1).

Natürlich kann die Verfügbarkeit von Informationen auch aus der Umwelt beeinflußt werden, wenn die Aufmerksamkeit auf bestimmte Aspekte gelenkt wird. So haben Strack, Erber und Wicklund (1982) gezeigt, daß die Augenfälligkeit (salience) von zu beurteilenden Personen zu systematischen Urteilseinflüssen führt, deren Richtung durch zuvor aktivierte Schemata bestimmt wird. Wenn die Stärke von beobachteten Zusammenhängen eingeschätzt werden soll, wird das gemeinsame Auftreten von solchen Merkmalen überschätzt, auf die die Aufmerksamkeit gelenkt ist - entweder weil sie besonders augenfällig sind oder weil den entsprechenden Merkmalen in allgemeineren Schemata eine zentrale Rolle zukommt. Auf diese Weise kommt es zu

Zusammenhangstäuschungen, wie Hamilton und Gifford (1976) gezeigt haben (als Kritik vgl. Fiedler, 1991). Schließlich dient die Verfügbarkeit von Informationen als Heuristik für das Häufigkeits- und Wahrscheinlichkeitsurteil. Die einschlägigen Arbeiten von Tversky und Kahneman (vgl. Kahneman, Slovic & Tversky, 1982) gehören zu den Klassikern der psychologischen Fachliteratur.

An diesen Beispielen wird deutlich, wie völlig unterschiedliche Phänomene der Eindrucksbildung, der Zusammenhangstäuschung, der Wahrscheinlichkeitsschätzung durch ein und dasselbe einfache Prinzip der Verfügbarkeit von Informationen sparsam erklärt werden können. In ähnlicher Weise wären Befunde zu Gedächtnis und Erinnerung zu berichten - ein weiterer zentraler Forschungsbereich mit zahlreichen neuen Ergebnissen. Diese Ergebnisse haben unser Verständnis von grundlegenden mentalen Prozessen wesentlich erweitert - Prozesse, die es dem Individuum ermöglichen, "beyond the information given" (Bruner, 1957) zu gehen und eine Repräsentation der sozialen Realität zu schaffen, auf deren Grundlage soziales Handeln und Interaktion verstehbar werden.

Der Beitrag der Social Cognition Forschung ist jedoch keineswegs auf die Grundlagenforschung beschränkt. Auch in der *Anwendung* auf spezielle Fragen in Teilgebieten der Psychologie und der Sozialwissenschaften im weiteren Sinne hat sich die Fruchtbarkeit des Ansatzes gezeigt. Neuere Entwicklungen in der Klinischen Psychologie (z.B. Ingram, 1986), der Forensischen Psychologie (z.B. Loftus, 1979), der Pädagogischen Psychologie (z.B. Hofer, 1986), der Politischen Psychologie (z.B. Sears & Lau, 1986) machen dies deutlich. Dies gilt auch für die Umfrageforschung (vgl. Jabine et al., 1984; H. J. Hippler et al., 1987).

In den folgenden Kapiteln soll beschrieben werden, wie die Beantwortung von Fragen in standardisierten Befragungssituationen in der Perspektive der Social Cognition Forschung als ein Prozeß verstanden werden kann, der mit der Interpretation der Frage beginnt und mit der Äußerung der Antwort in der sozialen Situation endet. Dabei wird gezeigt, wie Kontextvariablen in unterschiedlichen Phasen dieses Prozesses zu unterschiedlichen Einflüssen auf das Antwortverhalten führen.

4. Denken, Urteilen, Kommunizieren: Umfrageverhalten in der Perspektive der Social Cognition Forschung.

4.1 Die Befragung in der Alltags- und Umfragesituation

Ausgangspunkt von Untersuchungen, die Prinzipien der Social Cognition Forschung auf die Umfragesituation anwenden, ist das Verständnis der Befragungssituation. Befragung wird hier weniger als Messung bestimmter Merkmale des Befragten verstanden, sondern primär als eine spezielle Interaktion, in der ein Fragesteller auf bestimmte Art und Weise von einem Befragten Information über einen interessierenden Sachverhalt bekommen möchte.

In dieser Perspektive entspricht die Umfragesituation einer "natürlichen" Befragung, in der Person A (der Fragesteller) von Person B (dem Befragten) etwas erfahren möchte. Dazu muß der Befragte verstehen, welche Information der Fragesteller von ihm erhalten möchte. Zum *Verständnis* ist es notwendig (aber nicht hinreichend), daß der Befragte den semantischen Inhalt der Frage versteht. Dazu sind Interpretationsprozesse erforderlich, wie sie in der modernen kognitiven Psychologie und der Sozialpsychologie seit langem untersucht wurden (vgl. Bransford 1979). Über die *semantische* Interpretation einer Frage hinaus muß der Befragte verstehen, was der Fragesteller in der konkreten Befragungssituation mit seiner Frage meint. Dieser *pragmatische* Aspekt (vgl. Levinson, 1983) des Verstehensprozesses ist für die Erklärung jeder Art sozialer Kommunikation von zentraler Bedeutung. Erkenntnisse zum Verständnis von Äußerungsintentionen in Kommunikationssituationen des Alltags liegen vor (z.B. Grice, 1975; Clark, 1985) und sind, wie zu zeigen sein wird, mit Erfolg auf die Umfragesituation übertragbar.

Natürliche Befragungen wie auch sozialwissenschaftliche Umfragen erfordern oft *Urteile* zu einem bestimmten Sachverhalt, zum Beispiel die Bewertung einer Person oder einer Handlung. Erkenntnisse zur Urteilsbildung sind seit jeher zentraler Bestandteil sozialpsychologischen Wissens (z.B. Ostrom & Upshaw, 1968) und können für die Umfragesituation fruchtbar gemacht werden.

Schließlich finden Befragungen im Alltag und in den Sozialwissenschaften in einem sozialen Kontext statt, der für Bedürfnisse der Selbstdarstellung relevant ist. Wenn ein Befragter einen guten Eindruck machen, oder zumindest einen schlechten Eindruck vermeiden möchte, wird dies das Antwortverhalten in systematischer Weise beeinflussen. Demnach bestimmen *motivationale Randbedingungen* der Befragungssituation, ob und wie ein Urteil auf der Grundlage der semantischen und pragmatischen Interpretation einer Frage mitgeteilt wird. Auch hierzu liegen sozialpsychologische Befunde vor (z.B. Schlenker, 1980; Tedeschi, 1981), die für die Methodologie der Umfrageforschung genutzt werden können.

In anderen Merkmalen unterscheidet sich die Umfrage jedoch von den Befragungssituationen des Alltags. Dieser Unterschied besteht vor allem in der standardisierten Form der Interaktion. Die Fragen werden für alle Befragten in derselben, zuvor festgelegten Art und Weise vorgegeben, und die Antworten müssen in einem für sämtliche Befragten identischen Antwortformat abgegeben werden. Dies sind wesentliche Restriktionen der Interaktion, die vom Befragten zusätzliche Beiträge zum Gelingen der Kommunikation verlangen. So kann der Fragesteller, der in der Umfrage persönlich ja nicht in Erscheinung tritt, dem Befragten bei Verständnisschwierigkeiten nicht helfen, und der Interviewer ist typischerweise angewiesen, keine zusätzlichen Informationen zu geben, durch die eine Standardisierung gefährdet werden könnte. Durch diese Randbedingungen werden wichtige soziale Aspekte eliminiert, die einen bedeutenden Beitrag zur Sprachinterpretation leisten. So zeigten Clark und Wilkes-Gibbs (1986), daß die konkrete Interpretation von sprachlichen Äußerungen oft in sozialer Interaktion ausgehandelt werden und daß es weniger auf ein "perfektes" Verstehen ankommt, sondern auf die situationsadäquate Interpretation.

Weil die in *natürlichen* Befragungssituationen gegebenen Interpretationshilfen in *standardisierten* Befragungssituationen nicht zur Verfügung stehen, ist der Befragte bei der Interpretation der Frage, dem Erschließen des vom Fragesteller in der konkreten Situation Gemeinten, sowie bei der Urteilsbildung auf Hinweisreize angewiesen, die ihm im Kontext der "verarmten" Stimulussituation zur Verfügung stehen. Dies sind, wie im folgenden zu zeigen sein wird, vor allem die vorangehenden Fragen und die Antwortskala.

Aus der Perspektive der Social Cognition Forschung wird die Befragung im Rahmen einer sozialwissenschaftlichen Umfrage demnach als Spezialfall einer natürlichen Konversation behandelt, die sich allerdings durch einige schwerwiegende Restriktionen in der Interaktion auszeichnet. Daraus folgt die Strategie, allgemeine Gesetzmäßigkeiten aus der Erforschung des Denkens, der Urteilsbildung, der sprachlichen Kommunikation (vgl. Herrmann, 1985) und der sozialen Interaktion auf die spezielle Art der standardisierten Konversation anzuwenden und Einflüsse auf das Antwortverhalten zu erklären und vorherzusagen.

4.2 Antworten in standardisierten Befragungen als Produkt eines Prozesses der Informationsverarbeitung

Wie an anderer Stelle dargestellt (Strack & L. L. Martin, 1987), lassen sich vier psychologische Aufgaben unterscheiden, die ein Befragter bei der Beantwortung eines Fragebogens oder bei einem mündlichen Interview zu bewältigen hat. Diese Aufgaben betreffen die Verarbeitung von Informationen und folgen im wesentlichen einer bestimmten zeitlichen Sequenz. So muß eine Frage zunächst (a) interpretiert werden. Dann kann der Befragte (b) eine Meinung generieren, die er anschließend dem (c) vorgegebenen Antwortformat anpassen muß. Schließlich kann die Antwort den motivationalen Bedürfnissen entsprechend (d) ediert werden. Es entspricht der Logik der Gesamtaufgabe, daß Interpretation, Generieren einer Meinung, Formatieren und Edieren als zentrale psychologische Teilaufgaben in der Regel aufeinander folgen und sich in einen Prozeß eingliedern, der mit der Darbietung der Frage beginnt und mit der Äußerung der Antwort endet.

Abweichungen von dieser Sequenz sind möglich. So kann, wie später zu berichten sein wird, durch das vorgegebene Antwortformat die Interpretation (vgl. N. Schwarz, Strack, Müller, & Chassein, 1988) und die Meinungsbildung (N. Schwarz, H. J. Hippler, Deutsch, & Strack, 1985) beeinflußt werden. Das heißt, Aspekte von "späteren" Teilaufgaben können durchaus bei "früheren" Aufgaben wirksam werden. Jedoch wird ausgeschlossen, daß "spätere" Aufgaben ohne die Lösung von "früheren" Aufgaben bewältigt werden, daß also eine Meinung generiert wurde, ohne daß sich der Befragte zuvor mit der Bedeutung der Frage beschäftigt hat, oder daß eine Formatierung versucht wird, ohne daß zuvor eine Meinung generiert wurde.

Sicherlich sind Ausnahmen von dieser Ordnungsannahme denkbar, denn die postulierte Sequenz hat idealtypischen Charakter. Trotzdem erscheint das vorgeschlagene sequentielle Modell der Informationsverarbeitung in der Umfragesituation zur Strukturierung der relevanten psychologischen Prozesse nützlich. Wahrscheinlich werden zukünftige Forschungsergebnisse Revisionen des Modells erfordern und so zu einer adäquateren Sicht des Gesamtprozesses beitragen. Beim jetzigen Stand des Wissens erscheint es jedoch gerechtfertigt, die psychologischen Prozesse bei der Beantwortung von Fragen in standardisierten Befragungssituationen auf der Grundlage des im folgenden dargestellten sequentiellen Modells der Informationsverarbeitung zu differenzieren und zueinander in Beziehung zu setzen.

4.3 Die verschiedenen Aufgaben des Befragten in der Umfragesituation.

In der Abb. 6 ist der Prozeß der Beantwortung einer Frage in der Umfragesituation in einem Flußdiagramm dargestellt.

4.3.1 Die Interpretation der Frage

Als grundlegende Aufgabe muß der Befragte zunächst die Bedeutung einer Frage interpretieren. Dazu muß er einmal die semantische Bedeutung der Wörter kennen, die in einer Frage verwendet werden, um herauszufinden, was der Fragesteller, der das Wort verwendet, in der konkreten Befragungssituation damit meint. Durch die Kenntnis der semantischen Bedeutung von Wörtern wird ein Interpretationsspielraum aktiviert, der für die jeweilige Fragesituation eingeengt werden muß. Der pragmatische Aspekt des Verstehensprozesses wurde außerhalb der Sprachpsychologie weitgehend vernachlässigt[6], ist aber zur Erforschung des Antwortverhaltens in der Umfragesituation von großer Bedeutung, weil die Informationsgrundlage für die pragmatische Interpretation durch die Standardisierung der Situation sehr eingeschränkt ist. Anders ausgedrückt, ein Befragter, der in der Umfragesituation herausfinden will, was der Fragesteller meint, muß mit den wenigen Informationen auskommen, die er in der standardisierten Interaktionssituation vorfindet. Auch wenn in bestimmten Situationen semantische oder pragmatische Aspekte der Interpretation

---

[6] Bemerkenswerte Ausnahme ist Aschs (1948) Analyse des Bedeutungswandels einer Aussage in Abhängigkeit des Urhebers. So wird der Begriff "eine kleine Rebellion" völlig unterschiedlich interpretiert, je nachdem, ob Lenin oder Lincoln als Quelle angegeben wurden.

Abb. 6: Modell der Informationsverarbeitung in der Umfragesituation

```
           Interpretation der Frage
                     ↓
           Generierung einer Meinung
                     ↓
      Ja       Urteil bereits      Nein
     ←──      abgespeichert        ──→
                   ???
      ↓                              ↓
                              Abrufen von
                           relevanter Information
                                     ↓
                              Entscheiden, wie
                                Information
                             benutzt werden soll
                                     ↓
  früheres Urteil abrufen      "Berechnen" des Urteils
              ↓                       ↓
           Formatierung der Antwort
                     ↓
           Äußerung der Antwort
```

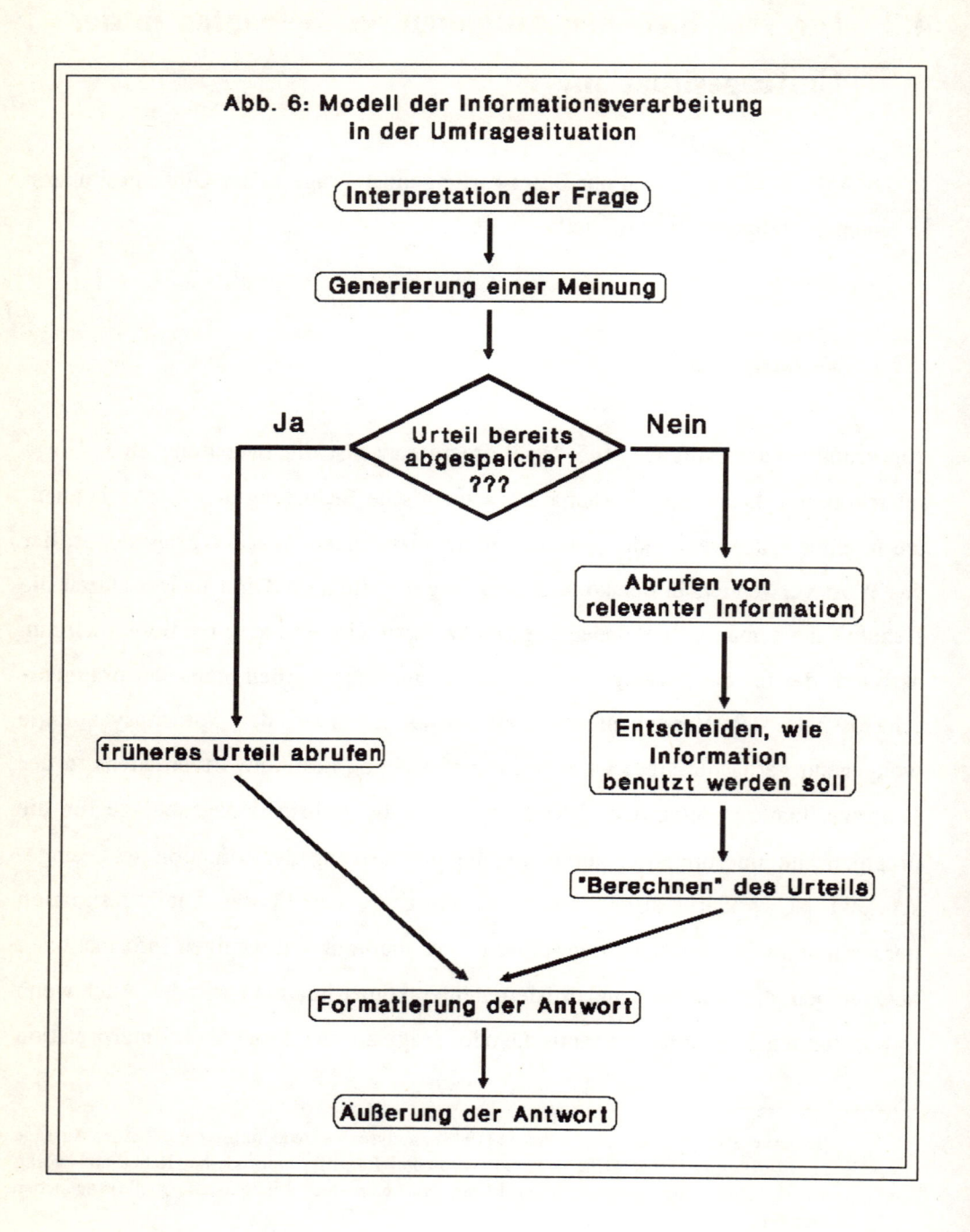

einer Frage überwiegen, so sind die beiden Aspekte im Umfragekontext in der Regel eng miteinander verbunden. Die Unterscheidung dient vor allem der psychologischen Analyse der Umfragesituation und der Erklärung der beobachteten Interpretationsprozesse.

Die psychologische Forschung kennt zwei Arten von Prozessen, durch die die Interpretation von Informationen beeinflußt werden kann (vgl. Bargh, 1984). Die eine Art von Prozessen ist eher passiv und "*automatisch*" und kann ohne die Kontrolle des Befragten ablaufen (vgl. Schneider & Shiffrin, 1977; Shiffrin & Schneider, 1977). Die zweite Art von Prozessen ist in stärkerem Maße vom Individuum "*kontrolliert*", beinhaltet aktive Schlußfolgerungen durch den Befragten und kann als das Lösen von Problemen betrachtet werden. Beide Prozesse können durch Informationen ausgelöst werden, die früher "primed" oder aktiviert wurden, zum Beispiel durch die vorangehende Frage. In dieser Situation soll die vorangehende Frage "Kontextfrage" und die darauf folgende Frage "Zielfrage" genannt werden.

Der erste, "automatische" Einfluß einer Kontextfrage auf die Interpretation von Informationen ergibt sich aus dem Grad der Mehrdeutigkeit der Zielinformation und der Aktivierung des Begriffs, mit dessen Hilfe die Zielinformation interpretiert werden kann. Die Antwort auf eine Kontextfrage kann einen "Priming"-Effekt verursachen. Denn durch die Darbietung von bestimmten Informationen in einer früheren Frage erhöht sich die Leichtigkeit und die Wahrscheinlichkeit, daß derselbe oder ein ähnlicher Inhalt später kognitiv verfügbar wird (vgl. Higgins & King, 1981; Wyer & Srull, 1981, 1986). Als Folge davon wird die Interpretation mehrdeutiger Information in nachfolgenden Fragen durch diejenigen Konzepte bestimmt, die dem Befragten zum Zeitpunkt der Interpretation am leichtesten verfügbar sind. So wurde beispielsweise gezeigt, daß Personen, die auf unterschiedlich interpretierbare Information zu reagieren hatten, in einer Weise antworteten, die mit den Implikationen von zuvor aktivierten Konzepten übereinstimmte (vgl. Higgins, Rholes, & C. R. Jones, 1977; Srull & Wyer, 1979, 1980). Dies bedeutet für die Umfragesituation, daß immer dann, wenn die Interpretation der Zielfrage unklar ist, zuvor aktivierte Konzepte dazu beitragen, Mehrdeutigkeiten zu beseitigen.

Ein Beispiel ist die Frage "Mögen Sie Kohl?". Das Wort "Kohl" ist mehrdeutig und kann sich einmal auf eine bestimmte Gemüseart beziehen oder aber auf einen Politiker gleichen Namens. Die Antwort auf diese Frage wird entscheidend von der Interpretation des mehrdeutigen Wortes abhängen. Auf der Grundlage der zuvor erwähnten Forschungsergebnisse ist zu vermuten, daß durch die vorherige kognitive Aktivierung von anwendbaren eindeutigen Konzepten eine der beiden Interpretationen wahrscheinlicher wird. Wenn die Beispielfrage im Kontext einer Befragung zu individuellen Nahrungspräferenzen ("Mögen Sie Karotten?") gestellt wird, ist die Bedeutung des mehrdeutigen Wortes "Kohl" unmittelbar "gegeben", genau wie wenn dieselbe Frage im Kontext von Politikerbewertungen ("Mögen Sie Lafontaine?") steht. Allgemeiner formuliert: Der dargebotene Kontext kann die relative Verfügbarkeit eines Konzeptes erhöhen und so die Interpretation der Zielfrage beeinflussen. Wie Bargh und Pietromonaco (1982) festgestellt haben, kann eine derartige Beeinflussung außerhalb der Aufmerksamkeit des Befragten erfolgen. Diese Ergebnisse machen deutlich, daß automatische Prozesse bei der Interpretation von mehrdeutigen Begriffen auftreten können, auch wenn in natürlichen Befragungen oder in einer konkreten Umfragesituation automatische von kontrollierten Prozessen nicht mit hinreichender Sicherheit unterschieden werden können, und in der Regel automatische *und* kontrollierte Einflüsse einen Beitrag leisten. Trotzdem erscheint die analytische Unterscheidung der beiden Prozesse für das Verständnis der psychologischen Aspekte der standardisierten Befragung nützlich.

Drei Aspekte des Kontexts sind bei der Interpretation der Frage von Bedeutung. Zunächst kann die Interpretation von mehrdeutigen Begriffen durch den *Inhalt* der Frage selbst beeinflußt werden. Hätte die Frage im obigen Beispiel "Mögen Sie Rotkohl (bzw. Helmut Kohl)?" gelautet, wären keine Interpretationsprobleme entstanden. Da Einflußfaktoren dieser Art als Teil der zu interpretierenden Sinneinheit verstanden werden können und es sich dabei nicht um Einflüsse des eigentlichen Fragekontextes handelt, soll dieses Problem hier nicht eingehender diskutiert werden (vgl. dazu Bransford, 1979).

Zum zweiten kann die vorgegebene *Antwortskala* die Interpretation einer Frage beeinflussen. Wie dies geschehen kann, wurde in einer Studie untersucht, die weiter unten dargestellt wird. Schließlich wirken die *vorangehenden Fragen* auf vielfältige Weise als Kontexteinflüsse. Dazu liegen zahlreiche Untersuchungen vor, deren Ergebnisse im folgenden Abschnitt und in späteren Kapiteln berichtet werden.

4.3.1.1 Die Bedeutung von vorangehenden Fragen

Der Einfluß von vorangehenden Fragen auf die Interpretation von nachfolgenden Fragen in standardisierten Befragungungssituationen war Gegenstand von experimentellen Umfragen, in denen Antworten auf Fragen zu fiktiven Themen behandelt wurden (Strack, N. Schwarz, & Wänke, 1991), die in der Umfrageforschung bereits aus einer anderen theoretischen Perspektive untersucht wurden. Dort waren die Antworten als zufallsgenerierte Reaktionen betrachtet worden, die der Motivation entspringen, Unwissen zu verbergen und so einen positiven Eindruck zu erwecken (vgl. Kap. 2.1.2).

In der gegenwärtigen Perspektive der Social Cognition Forschung werden Meinungen zu fiktiven Gegenständen keineswegs als Zufallsproduktionen verstanden, sondern als Ergebnis der Interpretation des Frageinhaltes. Aus der Sichtweise des Befragten ist der vom Umfrageforscher erfundene Sachverhalt nämlich keinesfalls "fiktiv", sondern lediglich mehrdeutig und dehalb ebenso interpretationsbedürftig wie andere nichtfiktive Fragegegenstände[7]. Eine Kommunikationssituation, in der es Befragte als ihre Rolle betrachten, Meinungen zu Gegenständen zu äußern, die den Fragesteller interessieren, garantiert jedoch die Relevanz der angesprochenen Sachverhalte (vgl. Sperber & D. Wilson, 1986). Auf der Grundlage des Griceschen Kooperationsprinzips können sich Befragte darauf verlassen, daß sich eine Frage auf Sachverhalte bezieht, von denen der Fragesteller glaubt, daß sie zutreffen. Auf der Grundlage dieses Verständnisses der Befragungssituation und der Kompetenz des Fragestellers kann der Antwortende davon ausgehen, daß es sich bei der kritischen Fragethematik um einen realen Sachverhalt handelt. Deshalb besteht die Aufgabe vor allem darin, herauszufinden, was mit dem Gegenstand einer Frage gemeint ist.

Fiktive Fragegegenstände haben in der Regel den "Vorteil", die Mehrdeutigkeit des Frageinhalts und somit die Notwendigkeit der Interpretation bei allen Befragten zu sichern. Ähnlich wie in der kognitiven Psychologie Kontexteinflüsse an mehrdeutigen Stimulussituationen untersucht wurden (z.B. Bransford & Johnson, 1972), eignen sich viele fiktive Frageinhalte besonders zur Erforschung von Kontexteinflüssen bei

---

[7] Daneben ist eine andere Art von fiktiven Fragegegenständen denkbar, die aus eindeutigen, aber unzutreffenden Tatsachenbehauptungen bestehen und keine größeren Interpretationsleistungen erfordern. Auf diesen Sachverhalt hat mich Axel Bühler aufmerksam gemacht.

der Informationsverarbeitung in standardisierten Befragungssituationen. Aus diesem Grund haben wir (Strack et al., 1991) fiktive und mehrdeutige Fragegenstände ausgewählt, um den Einfluß von vorangehenden Fragen auf die Frageinterpretation zu untersuchen. Ziel der Arbeit war es jedoch weniger, einen weiteren Beitrag zum Phänomen der Meinungen zu "fictitious issues" zu leisten. Vielmehr sollen die Ergebnisse zum besseren Verständnis von Kontexteinflüssen auf die Interpretation von Frageinhalten *im allgemeinen* beitragen, da die Interpretation des Frageinhalts auch - wie später zu zeigen sein wird - bei vermeintlich eindeutigeren Frageinhalten eine zentrale Voraussetzung zur Urteilsbildung und damit zur Antwortabgabe darstellt.

Mit diesem Ziel wurden 79 Studenten einer schriftlichen Befragung unterzogen, in der zwei Fragen mit fiktiven Gegenständen enthalten waren, die in Abhängigkeit der durch die Vorfrage aktivierten Interpretation Zustimmung oder Ablehnung hervorrufen sollten. Durch Voruntersuchungen und unabhängige Beurteilungen wurde dies für die folgenden Inhalte sichergestellt: a) die Bewertung eines geplanten Bildungsbeitrags für Studenten, b) die Änderung des Studien- und Prüfungssystems.

Im einzelnen waren die Fragen wie folgt formuliert:

Frage a)

Wie stehen Sie zu der von der westdeutschen Rektorenkonferenz diskutierten Einführung eines Bildungsbeitrags für Studenten?

-4 -3 -2 -1 +1 +2 +3 +4

Frage b)

Würden Sie eine Änderung des Studien- und Prüfungssystems befürworten?

-4 -3 -2 -1 +1 +2 +3 +4

Auf der Grundlage dieser Befunde sollte Frage a) Zustimmung auslösen, wenn unter "Bildungsbeitrag" eine finanzielle Unterstützung verstanden wird, die vom Staat an Studierende geleistet wird. Dagegen sollte Frage a) Ablehnung hervorrufen, wenn "Bildungsbeitrag" als "Studiengebühr" interpretiert wird. Frage b) sollte zustimmend beantwortet werden, wenn die Veränderung der Studien- und Prüfungsbedingungen stärkere Praxisnähe verspricht. Ablehnung sollte dagegen resultieren, wenn die angesprochene Veränderung eine Erhöhung der Studienanforderungen bedeutet.

Vor jede der beiden Zielfragen wurde eine Kontextfrage eingefügt, durch die entweder der jeweilige zustimmungs- oder der jeweilige ablehnungsauslösende Inhalt aktiviert und dadurch seine Verfügbarkeit bei der anschließenden Interpretation der Zielfrage erhöht wurde. Dabei wurde vor die Frage nach dem "Bildungsbeitrag" eine Wissensfrage gestellt, in der entweder der "monatliche Betrag, mit dem der schwedische Staat jeden Studenten" unterstützt, oder aber die "jährlichen Studiengebühren in den USA" geschätzt werden sollten. Vor der Frage nach den "Studien- und Prüfungsbedingungen" wurde entweder nach der Meinung zu der Aussage, das Studium sei zu "praxisfern", gefragt oder aber nach der Meinung zu der Behauptung, das Studium sei "zu leicht und Studium und Prüfung stellten kein wahres Ausleseverfahren dar".

Kritische Frage	Kontextfrage	
	"Zustimmung"	"Ablehnung"
"Bildungsbeitrag"	4.08	3.10
"Studiensystem"	6.05	4.94

Tabelle 1: Beantwortung der kritischen Fragen in Abhängigkeit der vorangehenden Kontextfragen

Wie Tabelle 1 zeigt[8] wurde durch die Beantwortung der jeweils vorangehenden Fragen die Zustimmung bzw. Ablehnung zu den Zielfragen beeinflußt. Stand vor der Frage nach dem fiktiven "Bildungsbeitrag" eine Kontextfrage nach der Höhe der Studiengebühren in den USA, ergab sich mehr Ablehnung, als wenn zuvor nach der finanziellen Unterstützung für Studenten durch den schwedischen Staat gefragt wurde. Parallel dazu wurde eine Änderung des Studien- und Prüfungssystems stärker befürwortet, wenn zuvor die Praxisferne des Studiums beurteilt wurden, als wenn zuvor eine Meinung zu den angeblich zu geringen Anforderungen des Studiums abgegeben wurde, $F_{multivariat}(2,69) = 3.5$, $p < .04$. Der ermittelte Kontexteffekt war somit unabhängig davon, ob die relevanten Inhalte durch eine Wissens- oder eine Einstellungsfrage aktiviert wurden oder ob der Gegenstand fiktiver Natur war ("*die von der westdeutschen Rektorenkonferenz diskutierte Einführung eines Bildungs-*

---

[8] Die ursprünglich bipolare Antwortskala wurde in eine 8-Punkte-Skala transformiert. Ein höherer Wert steht für schwächere Ablehnung bzw. stärkere Zustimmung.

beitrags"), $F_{univariat}(1,70)=3.93$, $p<.051$ oder ob es sich lediglich um einen unbestimmten Vorgang handelt, über dessen Wirklichkeitsgehalt nichts ausgesagt wird ("*eine* Änderung des Studien- und Prüfungssystems"), $F_{univariat}(1,71)=2.97$, $p<.09$. Dies macht deutlich, daß nicht der fiktive Charakter des Inhalts per se für die beobachteten Kontexteinflüsse verantwortlich ist, sondern die in der Regel damit einhergehende hohe Mehrdeutigkeit, die auch bei nichtfiktiven Inhalten auftreten kann.

Da die Zustimmung oder Ablehnung zu den jeweiligen Inhalten in Abhängigkeit des Kontextes zwar auf die unterschiedliche Interpretation schließen läßt, aber kein direktes Maß für die jeweilige Interpretation darstellt, wurden für die Frage nach dem "Bildungsbeitrag" zusätzliche Analysen durchgeführt. So sollten die Befragten in einem zweiten Kontrollfragebogen ohne Antwortvorgabe angeben, was unter dem diskutierten Bildungsbeitrag zu verstehen sei. Die Nennungen wurden von unabhängigen Beurteilern dahingehend eingeschätzt, mit welcher der beiden Kontextinterpretation sie übereinstimmen. Während sich unter dem Kontext "USA" 90 % der relevanten Nennungen (kontextirrelevante Nennungen und keine Nennungen wurden bei der Prozentuierung nicht berücksichtigt) auf Studiengebühren bezogen und 20 % auf finanzielle Zuwendungen an die Studierenden, meinten unter dem "Schweden"-Kontext nur 61 %, es ginge um Studiengebühren, während 39 % an finanzielle Unterstützung dachten, $Chi^2=5.5$, $p<.025$. Diese Ergebnisse legen nahe, daß die unterschiedlichen Urteile tatsächlich durch die kontextabhängige Interpretation der Frageinhalte entstehen. Die Ergebnisse lassen jedoch auch vermuten, daß die interpretative "Voreinstellung" der kritischen Frage eher in Richtung "Studiengebühren" geht. In einer weiteren Analyse, die über die Bedeutung der kontextabhängigen Interpretation Aufschluß geben sollte, wurden die Korrelationen zwischen der Interpretation der Zielfrage und der Einstellung zum "Bildungsbeitrag" ermittelt. Wie erwartet, war die Zustimmung bzw. Ablehnung signifikant stärker, wenn der mehrdeutige Begriff von den Befragten tatsächlich als finanzielle Unterstützung bzw. als Studiengebühr interpretiert wurde.

Die Ergebnisse dieser Arbeit zeigen deutlich, daß durch vorangehende Fragen die Interpretation von mehrdeutigen nachfolgenden Fragen beeinflußt wird, wenn die Inhalte der Kontextfragen in den Interpretationsspielraum der Zielfrage fallen. Die vorliegenden Befunde belegen weiterhin, daß Einstellungen, die mit Hilfe von mehrdeutigen Fragen abgerufen werden, durch die kontextbedingte Interpretation beeinflußt werden. Dabei war der Kontexteinfluß unabhängig davon, ob es sich um einen fiktiven Inhalt handelte oder lediglich um einen Sachverhalt, dessen tatsächliches Vorliegen im Ungewissen blieb. Wichtig war die Interpretationsbedürftigkeit des Frageinhalts. Dies wird auch durch die Ergebnisse einer Anschlußstudie unterstützt, in der ein Teil der Befragten nach ihrer Meinung zur "...*geplanten Änderung des Studien- und Prüfungssystems*" gefragt wurden, während den restlichen Versuchspersonen die Frage in ihrer ursprünglichen Formulierung vorgelegt wurde. Wieder ließ sich ein Einfluß der jeweiligen Kontextfragen nachweisen, der unabhängig davon auftrat, ob die "Änderung des Studien- und Prüfungssystems" als "geplante" Maßnahme dargestellt wurde oder dies unbestimmt blieb. Ob der erhaltene Kontexteffekt ausschließlich auf "automatischen" Denkprozessen beruht und welcher Anteil auf "kontrollierte" Prozesse zurückzuführen ist, bleibt weiterhin offen. Die vorliegenden Ergebnisse sind zum einen konsistent mit der Annahme, daß mehrdeutige Information unter Verwendung derjenigen relevanten Konzepte "disambiguiert" wird, die zum Interpretationszeitpunkt am leichtesten verfügbar ist (vgl. Higgins, Rholes, & C. R. Jones, 1977; Srull & Wyer, 1979). Die vorliegenden Ergebnisse sind ebenso konsistent mit der Vermutung, daß die Befragten unter Anwendung der Griceschen Regeln der Kommunikation auf der

Grundlage des Inhaltes der vorangehenden Kontextfrage erschließen, was mit dem mehrdeutigen Inhalt der Zielfrage gemeint ist. Vorangestellte Fragen und deren Beantwortung in einer standardisierten Befragungssituation erhöhen einmal die Verfügbarkeit von relevanten Informationen und liefern zum anderen eine Urteilsgrundlage für Schlußfolgerungen über die intendierte Bedeutung. Beide Mechanismen können die Beantwortung von nachfolgenden Fragen beeinflussen.

4.3.1.2 *Die Bedeutung der Antwortskala*

In standardisierten Befragungssituationen kommt dem vorgegebenen Antwortformat eine wichtige Bedeutung für die Interpretation von Fragen zu, weil durch die Vorgabe von Antwortmöglichkeiten der Interpretationsspielraum eingeschränkt wird und somit Mehrdeutigkeiten reduziert werden. Was der Fragesteller genau meint, kann in standardisierten Befragungssituationen somit aus der Breite der vorgegebenen Antwortmöglichkeiten erschlossen werden. Dabei muß die Mehrdeutigkeit des Frageinhaltes nicht unbedingt aus semantisch inkompatiblen Grundbedeutungen entstehen (z.B. "Kohl"), sondern kann auch damit zu tun haben, was *genau* mit einem bestimmten Wort gemeint ist, d.h., welcher spezielle Sachverhalt mit einem allgemeinen Begriff angesprochen wird. Wer gefragt wird, wie oft er sich in der Vergangenheit "richtig geärgert" habe, kennt zwar die Bedeutung des Wortes "Ärger", weiß aber noch nicht, ob bei der Antwort der vergleichsweise häufige und weniger schwerwiegende Alltagsärger über das Verhalten anderer Verkehrsteilnehmer berücksichtigt werden soll, oder ob die Frage auf den vergleichsweise seltenen aber schwerwiegenderen Ärger über die Ablehnung eines eingereichten Manuskripts abzielt.

Ob über die Bandbreite der vorgegebenen Antwortskala die Bedeutung des Ausdrucks "richtig geärgert" konkretisiert werden kann, haben wir untersucht, indem wir die vorgegebenen Antwortalternativen für die Häufigkeit variierten, in der Befragte sich in Situationen befinden, in denen sie sich "richtig geärgert" haben (N. Schwarz, Strack, Müller, & Chassein, 1988). Für einen Teil der Versuchspersonen reichte die Antwortskala von "weniger als einmal im Jahr" bis "mehr als einmal alle drei Monate", für weitere Befragte von "weniger als zweimal pro Woche" bis "mehrmals an einem Tag", während die restlichen Versuchspersonen die Frage ohne Vorgabe einer Antwortskala beantworteten. Danach hatte ein Teil der Befragten ein typisches Beispiel für eine ärgerliche Erfahrung zu generieren. Die generierten Beispiele wurden von zwei unabhängigen Beurteilern hinsichtlich ihres Ärgergehalts eingeschätzt, wobei die Ratings eine hohe Übereinstimmung ($r=.87$) aufwiesen.

Die Ergebnisse entsprachen den Erwartungen. Wenn die Antwortskala den Vpn nahelegte, daß nach seltenen Ereignissen gefragt wurde (Antwortskala mit niedriger Häufigkeitsvorgabe), reflektierten die genannten Beispiele einen signifikant höheren Ärgergehalt, als wenn die Aufmerksamkeit durch die Antwortskala auf häufige Ereignisse gelenkt wurde (Antwortskala mit hoher Häufigkeitsvorgabe), wobei die Kontrollbedingung in etwa der Bedingung mit der "hohen" Antwortskala entsprach (vgl. auch N. Schwarz, Käuper, H. J. Hippler, Noelle-Neumann & Clark, 1991).

Die Befunde dieser Untersuchung machen deutlich, daß vorgegebenen Antwortalternativen bei der Interpretation von Frageinhalten eine wichtige Funktion zukommt. Antwortalternativen begrenzen den Interpretationsspielraum und informieren den Befragten darüber, was der Fragesteller mit einem bestimmten Frageinhalt meint. Dies gilt nicht nur für die Konkretisierung von allgemeinen Begriffen, sondern sicher auch für die Interpretation von mehrdeutigen Wörtern. Die Antwortmöglichkeit

"Lieber als Lafontaine" disambiguiert den mehrdeutigen Ausdruck in der Beispielfrage "Mögen Sie Kohl?" genauso wie die Antwortalternative "Lieber als Karotten". An diesem Beispiel wird auch deutlich, daß die Interpretationshilfe der Antwortskala keineswegs auf die Häufigkeitsdimension beschränkt ist, sondern grundsätzlich einen Interpretationsspielraum vorgibt, der dem Befragten hilft, die semantische und pragmatische Bedeutung der verwendeten Konzepte zu verstehen. Daß die Antwortskala auch bei der Urteilsbildung eine wichtige Rolle spielt, soll weiter unten aufgezeigt werden.

4.3.2 Die Bildung des Urteils

Nach Abschluß der Interpretation ist der Befragte soweit, ein Urteil über den Gegenstand der Frage generieren zu können. Dabei können Befragte oft ein Urteil aus dem Gedächtnis abrufen, das sie zu einem früheren Zeitpunkt gebildet haben. Ein Befragter, der seine Sympathie zum derzeitigen Bundeskanzler Kohl bereits zu einem früheren Zeitpunkt eingeschätzt hat und sich an diese Einschätzung erinnert, kann die abgerufene Meinung zur Grundlage seiner Urteilsbildung machen.

Ob eine Person zu einem Gegenstand eine Meinung bildet, hängt von unterschiedlichen Bedingungen ab. Zunächst spielt die *Wichtigkeit* des Sachverhalts eine zentrale Rolle. Wichtige Sachverhalte lösen in stärkerem Maße Prozesse der Meinungsbildung aus als unwichtige Sachverhalte. Zum zweiten verlangt ein Sachverhalt, der eine *Handlung* erfordert, in der Regel eine vorherige Meinungsbildung. Eine bevorstehende Wahlentscheidung setzt meistens voraus, daß sich die Wähler vor dem Wahlgang eine Meinung über die Entscheidungsalternativen (oder über eine Teilmenge davon) bilden. Schließlich löst die *explizite Frage* nach der

Meinung zu einem bestimmten Gegenstand eine Meinungsbildung aus und erhöht damit die Wahrscheinlichkeit, daß die gebildete Meinung zu einem späteren Zeitpunkt das Urteil bestimmt (vgl. Lingle & Ostrom, 1979). Dies bedeutet, daß Urteile oft nicht auf der Grundlage urteilsrelevanter Information gefällt werden, sondern auf anderen Urteilen basieren, die zu einem früheren Zeitpunkt generiert wurden. Dies impliziert auch, daß sich mögliche Kontexteinflüsse, die zum Zeitpunkt der ursprünglichen Urteilsbildung wirksam waren, auf nachfolgende Urteile fortpflanzen können (vgl. Carlston, 1980; Higgins & McCann, 1984; Bodenhausen & Wyer, 1987).

Wenn der betreffende Gegenstand auf der relevanten Dimension bisher noch nicht eingeschätzt wurde, ist es Befragten jedoch nicht möglich, auf eine bereits vorhandene Einstellung zurückgreifen. Bezieht sich die Frage beispielsweise nicht auf den derzeitigen Bundeskanzler, sondern auf einen weniger bekannten Kandidaten einer Partei und wird keine globale Bewertung der Person gefordert, sondern eine Einschätzung darüber, wie der Betreffende bestimmte Politikprobleme bewältigen wird, so ist es wenig wahrscheinlich, daß die entsprechenden Urteile bereits abgespeichert sind und bei der Befragung aus dem Gedächtnis abgerufen werden können.

Um eine entsprechende Frage beantworten zu können, muß der Befragte zwar zum Befragungszeitpunkt bereits relevante Informationen über den Kandidaten abgespeichert haben; daraus folgt nicht zwangsläufig, daß auch schon eine Meinung auf der speziellen Dimension gebildet wurde. In diesem Fall muß die Meinung zum Zeitpunkt der Befragung gebildet werden. Dazu muß der Befragte zunächst diejenigen Informationen aus dem Gedächtnis abrufen, auf deren Grundlage ein Urteil über den fraglichen Sachverhalt möglich ist. Da aber unter den durch die Umfragesituation vorgegebenen Randbedingungen eine erschöpfende Suche im Gedächtnis nach relevanter Information nicht möglich ist, wird der Suchprozeß in der standardisierten Befragung noch verkürzter ablaufen als in natürlichen Kommunikationssituationen. Aus diesem Grund ist zu vermuten, daß die kognitive Verfügbarkeit von Informationen bei der Urteilsbildung in standardisierten Befragungssituationen eine wichtige Rolle spielt.

4.3.2.1 Die Verfügbarkeit von Informationen bei der Urteilsbildung

Wie bereits ausgeführt, ist eine der wichtigsten Determinanten der Verfügbarkeit von Informationen deren vorherige Aktivierung in kurzem zeitlichen Abstand (vgl. Wyer & Srull, 1981). In standardisierten Befragungssituationen geschieht diese Aktivierung vor allem durch vorangehende Fragen. Zum einen kann dem Befragten ein anderes Element derselben übergeordneten Kategorie in den Sinn kommen. So können ihm bei der Beurteilung von Bundeskanzler Kohl beispielsweise Informationen über andere Politiker einfallen, wenn zuvor entsprechende Fragen gestellt wurden. Zum zweiten kann die Aufmerksamkeit auf spezielle Aspekte des Frageinhaltes gerichtet werden. So mag der Befragte zum Beispiel eher an die Wirtschaftspolitik des Kanzlers denken, wenn sich vorangehende Fragen mit diesem Thema beschäftigt haben. Drittens können durch Vorfragen urteilsrelevante normative Standards aktiviert werden. Ein Befragter wird ein Verteilungsproblem anders beurteilen, wenn er an soziale Gerechtigkeit denkt, als wenn ihm Standards der wirtschaftlichen Effektivität in den Sinn kommen. Viertens können vorangehende Fragen eine Hilfe zur Erinnerung des eigenen Verhaltens darstellen. So kann die Erinnerung der eigenen Wahlentscheidung in der Vergangenheit in die Beurteilung eines Kandidaten oder einer Partei eingehen. Schließlich können geeignete Vorfragen urteilsrelevante

Stimmungen auslösen. Im folgenden werden diese Kontexteinflüsse eingehender beschrieben.

a) Information über ein anderes Element derselben Kategorie.

Hat der Befragte Information über einen anderen Politiker zum Zeitpunkt der Urteilsabgabe verfügbarer, so kann ihn dies in unterschiedliche Richtung beeinflussen. Einmal kann die Aufmerksamkeit auf die Gemeinsamkeiten von Kontext- und Zielstimulus gerichtet sein und das Urteil in Richtung der Implikationen der Kontextinformation beeinflussen. Zum anderen kann jedoch auch die Aufmerksamkeit auf die Unterschiede zwischen Kontext- und Zielstimulus gerichtet sein und das Urteil in die entgegengesetzte Richtung beeinflussen.

Herr und Mitarbeiter (Herr, 1986; Herr, Sherman, & Fazio, 1983) stellten fest, daß die Richtung des Einflusses von der Mehrdeutigkeit des Zielstimulus und von seiner Distanz vom Kontextstimulus auf der Urteilsdimension bestimmt wurde. Je mehrdeutiger der Zielstimulus ist und je mehr er dem Kontextstimulus gleicht, desto eher traten Assimilationseffekte auf. Je eindeutiger der Zielstimulus und je unterschiedlicher vom Kontextstimulus, desto wahrscheinlicher waren Kontrasteffekte. Kontextinformationen haben demnach einen gleichgerichteten Einfluß, wenn wenig Information über die zu beurteilenden Personen oder Sachverhalte vorhanden sind, sich Kontext- und Zielstimulus ähnlich sind. So wurde in einer der Untersuchungen (Herr, 1986) u.a. eine neutral beschriebene Person als "feindseliger" eingeschätzt, wenn zuvor der Name "Menachem Begin" ("gemäßigt feindselig") oder

"Papst Johannes Paul" ("extrem friedlich") genannt wurde, als wenn zuvor "Ayatollah Khomeini" ("extrem feindselig") oder "Henry Kissinger" ("gemäßigt friedlich") präsentiert wurde.

b) Information über spezielle Aspekte des Frageinhalts.

Kontexteffekte können auch durch die Aktivierung von Informationen über spezielle Merkmale des Zielstimulus erzielt werden. So fanden Sears und Lau (1983) heraus, daß Befragte, die zuvor ihr persönliches Einkommen einzuschätzen hatten, die Leistung des amerikanischen Präsidenten eher auf der Grundlage seiner wirtschaftspolitischen Erfolge beurteilten, als Befragte, die ihr Einkommen nicht einzuschätzen hatten. Dieser Befund entspricht der Vermutung, daß die Befragten bei der Einschätzung ihres Einkommens über ihre eigene wirtschaftliche Situation nachdachten und so die Aufmerksamkeit auf die wirtschaftliche Lage der Nation gelenkt wurde. Auf diese Weise erhöhte sich die Verfügbarkeit von Information über den speziellen Bereich der Wirtschaftspolitik zum Urteilszeitpunkt und damit die Wahrscheinlichkeit des Einflusses dieser Information auf die globale Bewertung des Präsidenten.

In ähnlicher Weise zeigten Iyengar, Kinder, Peters und Krosnick (1984) experimentell, daß das Betrachten von Fernsehsendungen eines bestimmten politischen Inhalts dessen Gewicht bei der globalen Bewertung des früheren amerikanischen Präsidenten Carter erhöhte. Sahen die Versuchspersonen besispielsweise eine Sendung, die sich mit Energieproblemen beschäftigte, so verstärkte sich der Zusammenhang zwischen der speziellen Beurteilung der Energiepolitik des Präsidenten und dessen globaler Bewertung. Diese Ergebnisse sind eine weitere Bestätigung für die Vermutung, daß mit der erhöhten Augenfälligkeit und der daraus resultierenden kognitiven Verfügbarkeit von speziellen Merkmalen zum Urteilszeitpunkt deren Einfluß auf ein allgemeineres Urteil zunimmt.

In einer eigenen Untersuchung (Nebel, Strack, & N. Schwarz, 1989) haben wir diese Überlegungen auf eine standardisierte Befragungssituation übertragen, in der mit einem auf dem Markt befindlichen Fragebogen bei Schwangeren die Angst bei der bevorstehenden Geburt des Kindes erhoben wird. Die sog. "Geburtsangstskala" (Lukesch, 1983) besteht aus 77 Fragen, die sich auf potentiell angstauslösende Situationen aus dem engeren und weiteren Kontext der Niederkunft beziehen. Die befragten Frauen haben dabei anzugeben, ob und in welcher Stärke jede einzelne Situation mit Angstgefühlen verbunden ist.

Unter Anwendung der Logik der Informationsaktivierung auf die Urteilsbildung haben wir vermutet, daß die Beantwortung der *speziellen* Angstfragen Informationen aktiviert, die dann die Einschätzung der *allgemeinen* Geburtsangst beeinflußt. Schwangere, deren Aufmerksamkeit durch eine entsprechende Frage auf konkrete Details des Geburtsvorgangs gelenkt wurde, sollten ihre allgemeine Geburtsangst anders einschätzen, als Schwangere, die über diesen Aspekt nicht nachgedacht hatten. Umgekehrt sollte jedoch die Beantwortung der allgemeinen Angstfrage keinen Einfluß auf die speziellen Angstfragen ausüben, da die zur Beantwortung der speziellen Fragen notwendige Information in weit stärkerem Maße durch den jeweiligen Inhalt der Frage bestimmt wird.

Diese Erwartungen wurden durch die Ergebnisse bestätigt. 53 befragte Schwangere waren in der Einschätzung ihrer allgemeinen Geburtangst beeinflußt, wenn sie zuvor die "Geburtsangstskala" von Lukesch (1983) bearbeitet hatten. Dabei war die

Richtung des Einflusses von der vorhandenen Geburtserfahrung abhängig. Während Erstgebärende, die an einem Kurs zur Geburtsvorbereitung teilnahmen, eine höhere allgemeine Geburtsangst nach der Beantwortung der Skala berichteten, gaben Zweit- oder Mehrgebärende niedrigere Angstwerte an. Wie erwartet hatte dagegen die Beantwortung der allgemeinen Angstfrage keinen Einfluß auf die Beurteilung der Geburtsangst in den vorgegebenen speziellen Bereichen.

Diese Ergebnisse machen in einem klinisch relevanten Inhaltsbereich deutlich, daß durch die Beantwortung von speziellen Fragen spezifische Informationen aktiviert werden, die bei der anschließenden Bildung eines allgemeinen Urteils bedeutsam werden können. Daß dabei die Erfahrung mit der jeweiligen Situation unterschiedliche Informationen aktiviert und das allgemeine Urteil unterschiedlich beeinflußt, ist nicht verwunderlich und liegt in der Eigenart des jeweiligen Gegenstands.

Die Aktivierung von Informationen über spezielle Aspekte des Frageinhalts kann jedoch nicht nur die politische Urteilsbildung beeinflussen, sondern auch politisches *Verhalten*. Dies haben wir in einem Experiment gezeigt, das in einem "natürlichen" Setting zum sogenannten "Radikalenerlaß" (Verweigerung der Anstellung von "Verfassungsgegnern" im öffentlichen Dienst) durchgeführt wurde (N. Schwarz & Strack, 1981; Strack, N. Schwarz, Weidner, G. Hippler, & N. Schwarz, 1983; zur allgemeinen Information vgl. Duve & Narr, 1978). In dieser Studie wurde ein Teil der Bewohner eines Studentenwohnheims zunächst gebeten, im Rahmen einer angeblichen Voruntersuchung für eine Diplomarbeit mehrere politische Aktivitäten in eine Rangordnung hinsichtlich des Risikos zu bringen, das diese Aktivitäten für die eigene berufliche Zukunft beinhalten. In der vorgegebenen Liste waren u.a. die Teilnahme an einer Demonstration, das Unterschreiben einer Resolution, das

Verfassen eines Protestbriefs an einen Abgeordneten, etc. aufgeführt. Diese Aufgabe wurde mit der Feststellung eingeleitet, man höre in der letzten Zeit oft die Befürchtung, persönliches Eintreten für eigene politische Vorstellungen könne leicht zu Nachteilen für die berufliche Zukunft führen. Ziel dieser Aufgabe war es, die Aufmerksamkeit auf die politische Maßnahme des Extremistenbeschlusses zu lenken und somit die Verfügbarkeit dieser Informationen bei einer späteren Handlungsentscheidung zu erhöhen. Diese Handlungsentscheidung war am Nachmittag desselben Tages zu treffen, als ein vorgeblicher Vertreter einer Bürgerinitiative für "Bessere Luft in Mannheim (BELMA)" um eine Unterschrift unter eine in gemäßigtem Ton gehaltene Resolution bat, die unter anderem an den Innenminister des Bundeslandes gerichtet war. Die Hälfte der angesprochenen Studenten hatte zuvor die Aktivierungsaufgabe durchgeführt. Da der "Radikalenerlaß" lediglich auf Personen angewandt wurde, die eine Anstellung im öffentlichen Dienst anstreben, wurde erwartet, daß für diesen Personenkreis das Unterschreiben einer Resolution potentielle berufliche Nachteile mit sich bringt und somit die Aufmerksamkeitslenkung auf den Extremistenbeschluß die Bereitschaft verringert, mit dem Namen gegen die Luftverschmutzung einzutreten.

Die Ergebnisse bestätigten unsere Vermutung. Unabhängig von der beruflichen Perspektive waren fast alle Befragte (10 von 11), deren Aufmerksamkeit *nicht* zuvor auf den "Radikalenerlaß" gelenkt wurde, bereit, die Resolution zu unterschrieben. Dies zeigt, daß die Bewertung des Anliegens keinen Zusammenhang zur beruflichen Orientierung aufweist. In ähnlicher Weise waren sämtliche Befragte, die eine Anstellung im privaten Sektor anstrebten, bereit, mit ihrer Unterschrift für das umweltpolitische Anliegen einzutreten. Dagegen reduzierte sich die Bereitschaft zur Unterschrift dramatisch, wenn die Befragten in den öffentlichen Dienst wollten *und* die Aufmerksamkeit durch die Voraufgabe auf die Risiken politischer Betätigung gerichtet war. Unter dieser Bedingungskombination wollte nur die Hälfte der Befragten mit ihrer Unterschrift für "bessere Luft in Mannheim" eintreten ($z = 2.49, p < .001$).

Dieser Befund macht deutlich, daß die Aktivierung von Informationen durch Fragen, wie sie typischerweise in standardisierten Befragungen gestellt werden, nicht nur die Antwort auf nachfolgende Fragen beeinflußt, sondern darüber hinaus das Verhalten bestimmt, das aus den jeweiligen Urteilen resultiert. Dieser Sachverhalt soll im Schlußkapitel dieser Arbeit noch einmal aus anderer Perspektive dikutiert werden.

c) Information über normative Standards.

Einstellungen und Bewertungen basieren oft auf allgemeinen Wertvorstellungen und normativen Standards. Ein evaluatives Urteil wird sich somit in Abhängigkeit von den verwendeten normativen Standards unterscheiden. Befragte, für welche die Erhaltung der Umwelt einen wichtigen Wert darstellt, werden anders über die Errichtung eines Industriebetriebs urteilen als Befragte, für die die Erhaltung der Arbeitsplätze höchste Priorität hat.

Meistens vertreten Personen jedoch gleichzeitig mehrere normative Standards, die unterschiedliche Bewertungen desselben Sachverhalts implizieren. Unter solchen Bedingungen wäre zu vermuten, daß die am ehesten verfügbare Norm den stärksten Einfluß auf das Urteil ausübt. Auch dies kann durch den Fragekontext beeinflußt werden. Ebenso ist es möglich, daß eine bestimmte Beantwortung einer verwandten Frage, Standards von Fairness, Gleichbehandlung, Reziprozität aktiviert und daß diese Standards als Grundlage für die Beantwortung einer nachfolgenden Frage herangezogen werden.

Klassisches Beispiel ist die bereits erwähnte (Kap.2.2.1) Untersuchung von Hyman und Sheatsley (1950), die einen Reihenfolgeeffekt fanden bei der Beantwortung der Frage, ob es erlaubt sein solle, daß ausländische kommunistische Zeitungsreporter in die USA kommen und aus ihrer Sicht über die Dinge berichten. Wie bereits ausgeführt, stieg der Anteil der Zustimmungen drastisch von 36 % auf 73 % an, wenn zuvor die parallele Frage nach der Arbeitserlaubnis von amerikanischen Journalisten in kommunistischen Ländern gestellt wurde, die von fast allen Befragten (90 %) bejaht wurde.

Vieles spricht dafür, daß dieses Ergebnis auf die Aktivierung einer Reziprozitätsnorm zurückzuführen ist. Das heißt, bei der Beantwortung der ersten Frage genügt es, die Beurteilung des Sachverhalts für sich selbst heranzuziehen. Wird dann jedoch eine zweite Frage ähnlichen Inhalts herangezogen, werden über den konkreten Sachverhalt hinaus plötzlich Prinzipien der Fairness und Gleichbehandlung urteilsrelevant. Schuman und Ludwig (1983) haben mehrere bereits vorliegende und eigene Untersuchungen zu Reihenfolgeeffekten bei völlig unterschiedlichen Inhalten unter der Perspektive der Aktivierung der "norm of evenhandedness" analysiert und kommen zu dem Schluß, daß "the activation of the norm of even-handedness in the course of an interview is not fundamentally different from its activation in other areas of life" (S. 119).

In einer eigenen Untersuchung (H. J. Hippler, N. Schwarz, & Strack, 1984) haben wir versucht, unterschiedliche Wertaspekte durch Aufmerksamkeitslenkung auf bestimmte Inhalte zu aktivieren. Aufbauend auf Ingleharts (1977) Unterscheidung zwischen "materialistischen" und "post-materialistischen" Wertetypen haben wir Befragten entweder eine Reihe von "materialistischen" oder von "postmaterialistischen" Zielen mit der Bitte vorgegeben, diese in eine Rangordnung zu bringen. Dabei wurde erwartet, daß die Erhöhung der kognitiven Verfügbarkeit der unterschiedlichen Wertaspekte die politische Selbsteinschätzung beeinflußt. Dies war der Fall für Befragte, die dem "postmaterialistischen" Wertetypus zuzurechnen waren. Diese Personen schätzten sich als politisch "rechter" ein, wenn sie zuvor über "materialistische" Wertaspekte nachgedacht hatten, als wenn ihre Aufmerksamkeit auf "postmaterialistische" Aspekte gerichtet wurde. Bei Befragten, die eher "materialistische" Werte vertraten, hatte die Aufmerksamkeitslenkung jedoch keinen Effekt. Diese Ergebnisse zeigen, daß durch die Aktivierung von Werten nicht nur die Beurteilung von politischen Sachverhalten beeinflußt wird, sondern auch die Einschätzung der eigenen Person.

d) Information über eigenes Wissen und Verhalten.

In der Sozialpsychologie ist spätestens seit Bems Arbeiten (z.B. Bem, 1967) bekannt, daß Informationen über eigenes Verhalten als Grundlage für Einstellungsurteile dienen können. Wie schon zuvor, gilt auch bei dieser Klasse von Informationen, daß die Verfügbarkeit zum Urteilszeitpunkt eine wichtige Determinante darstellt. Dies haben Salancik und Conway (1975) eindrucksvoll gezeigt, indem sie Vpn die Häufigkeit von Verhaltensweisen einschätzen ließen, die eine religiöse Einstellung reflektierten (z.B. Besuch des Gottesdienstes, Spenden an die Kirche). In Abhängigkeit von experimentellen Bedingungen wurden die Vpn entweder gefragt, ob sie das betreffende Verhalten "häufig" oder aber "gelegentlich" zeigten. Diese unterschiedliche Formulierung diente dazu, mehr "Ja"-Antworten in der "Gelegentlich"-Bedingung, als in der "Häufig"-Bedingung hervorzurufen. Als Konsequenz schätzten sich die Versuchspersonen in der "Gelegentlich"-Bedingung später als religiöser ein als die Versuchpersonen in der "Häufig"-Bedingung. Diese Ergebnisse legen nahe, daß durch die Antworten auf die vorangegangenen Fragen zu den speziellen Verhaltensweisen selektive Verhaltensinformation aktiviert wurde, die das Einstellungsurteil beeinflußte.

Neuere Ergebnisse von Bishop, Oldendick und Tuchfarber (1983) zeigen, daß sich die Lenkung der Aufmerksamkeit auf die Ausprägung des eigenen Wissens über bestimmte Inhaltsbereiche in ähnlicher Weise auswirken kann. Diese Autoren fanden heraus, daß Befragte, die zwei äußerst schwierige politische Wissensfragen (80 % gaben ihre Unwissenheit zu) zu beantworten hatten, ihr eigenes Interesse an Politik geringer einschätzten als Befragte, denen die schwierigen Wissensfragen nicht vorgelegt wurden. Diese Befunde lassen vermuten, daß die Befragten ihre eigene Schwierigkeit bei der Beantwortung der Wissensfragen als Information bei der Abgabe des Einstellungsurteils heranzogen (s.a. Stepper & Strack, 1993, im Druck) und ihr eigenes Interesse auf der Grundlage ihres einschlägigen Wissens einschätzten.

Konsistente Ergebnisse fanden wir in einer Studie (N. Schwarz, Bless, Strack, Klumpp, Rittenauer-Schatka, & Simonis, 1991), in der Versuchspersonen entweder sechs oder zwölf Beispiele für eigenes selbstbewußtes bzw. nicht-selbstbewußtes Verhalten zu generieren hatten. Ausgehend von der Annahme, daß es schwieriger ist, zwölf Verhaltensbeispiele zu generieren als sechs, erwarteten wir, daß die Schwierigkeit der Generierung als Information für die Selbsteinschätzung herangezogen wird. Genau dies war der Fall. Versuchspersonen, die nur sechs Beispiele aufzuschreiben hatten, schätzten sich als selbstbewußter ein als Versuchspersonen, die zwölf Verhaltensweisen zu generieren hatten.

e) Information über die eigene Stimmung.

Ähnlich wie Informationen über das eigene Wissen und Verhalten kann auch die Stimmung zum Befragungszeitpunkt in das Einstellungsurteil eingehen. Dies betrifft vor allem Urteile, für welche die Stimmung des Befragten Informationswert besitzt. Die Beurteilung des eigenen Wohlbefindens sollte daher in besonderem Maße durch die momentane Stimmung beeinflußt sein, da die subjektive Befindlichkeit mit affektiven Variablen in engem Zusammenhang steht (vgl. Andrews & McKennell, 1980; Strack, L. L. Martin, & N. Schwarz, 1988). In einer Reihe von Studien wurde die Stimmung der Versuchspersonen experimentell verändert und anschließend nach Glück und Zufriedenheit mit dem Leben im allgemeinen gefragt (N. Schwarz & Clore, 1983; Strack, N. Schwarz, & Gschneidinger, 1985; als Überblick, s. N. Schwarz, 1987). Die Stimmung der Befragten wurde beeinflußt, indem sich die Vpn den Ablauf von hedonisch relevanten, positiven oder negativen Lebensereignissen vorzustellen hatten. Als Ergebnis dieser Manipulation berichteten die Befragten höheres Glück und größere Zufriedenheit mit ihrem Leben als Ganzem, wenn sie durch das bildhafte Nachdenken über das Ereignis in gute Stimmung versetzt wurden und die Stimmung nicht auf eine externe, für die Beurteilung des eigenen Lebens irrelevante Ursache zurückzuführen war. Ähnliche Einflüsse auf das berichtete Wohlbefinden wurden gefunden, wenn vorübergehende Tagesereignisse wie das Wetter (N. Schwarz & Clore, 1983; Kommer, N. Schwarz, Strack, & Bechtel, 1986) oder das Spielergebnis der Nationalmannschaft bei der Fußballweltmeisterschaft (N. Schwarz, Strack, Kommer, & Wagner, 1987) die Stimmung veränderten.

4.3.2.2 Determinanten der Verwendung von Informationen

Bisher wurde wiederholt gezeigt, daß durch Vorfragen aktivierte Informationen anschließend leichter aus dem Gedächtnis abgerufen werden können und so die Urteilsbildung beeinflussen. Allerdings ist durch die Tatsache des Einflusses noch nicht die Einfluß*richtung* bestimmt. So wurden einmal Assimilationseffekte als Folge der Informationsaktivierung beobachtet, d.h., nachfolgende Urteile werden dem Inhalt der zuvor aktivierten Information ähnlicher (z.B. Higgins et al., 1977; Srull & Wyer, 1979). Andererseits hatte die Aktivierung von Informationen unter bestimmten Randbedingungen auch Kontrasteffekte zur Folge (z.B. Herr et al., 1983; Herr, 1986); d.h. nachfolgende Urteile unterscheiden sich stärker vom Inhalt der zuvor aktivierten Information. Um die unterschiedlichen Einflüsse aktivierter Information zu verstehen und um genauere Vorhersagen zu ermöglichen, muß daher untersucht werden, unter welchen Bedingungen die Aktivierung von Information zu Assimilation und unter welchen zu Kontrast führt. Aus den vorliegenden Untersuchungen lassen sich vier Klassen von experimentellen Randbedingungen unterscheiden: a) die Distanz auf der Urteilsskala, b) die zeitliche Distanz zwischen aktivierter Information und Urteilsgegenstand, c) die Erinnerung an die Aktivierungsepisode und d) Regeln der Kommunikation.

a) Distanz auf der Urteilsskala

Wie bereits ausgeführt, fanden Herr und seine Mitarbeiter (Herr, 1986; Herr et al., 1983) Assimilations- und Kontrasteffekte in Abhängigkeit von der Distanz zwischen

Ziel- und Kontextstimulus auf der Urteilsskala. Je stärker sich die beiden Stimuli unterschieden, desto eher traten Kontrasteffekte auf und je ähnlicher die Stimuli, desto wahrscheinlicher waren Assimilationseffekte.

In einer eigenen Untersuchung, die im folgenden etwas ausführlicher dargestellt werden soll, haben wir (Strack, N. Schwarz, Chassein, Kern, & Wagner, 1990; Expt. 1) Versuchspersonen zunächst in einer Beobachtungssituation mit einem Strohmann konfrontiert, dessen Lebenslage sich auf der Urteilsdimension grundlegend von ihrer eigenen unterschied. Anschließend hatten die Versuchspersonen ihr eigenes Leben einzuschätzen. Außerdem wurde die Verfügbarkeit der Information sowie die Verfügbarkeit der Urteilsdimension experimentell variiert. In Analogie zu Herrs Ergebnissen wurde erwartet, daß die Vorgabe von diskrepanter Information zu einem Kontrasteffekt führt und daß die Stärke dieses Effekts von der Verfügbarkeit der entsprechenden Information bei der Urteilsabgabe und der Verfügbarkeit der Urteilsdimension bei der Enkodierung der Information bestimmt werde.

Die Verfügbarkeit der distanten Information wurde variiert, indem einem Teil der Versuchspersonen Informationen über eine andere Person mit einem schwerwiegenden Gesundheitsproblem dargeboten wurden. Zusätzlich wurde für die Hälfte der Versuchspersonen in der Informationsbedingung die Verfügbarkeit dieser Information bei der Urteilsaufgabe erhöht. Es wurde erwartet, daß die Versuchspersonen ihr subjektives Wohlbefinden höher einschätzen, wenn sie zuvor Informationen über die bedauernswerte Situation einer anderen Person ausgesetzt wurden, als wenn dies nicht der Fall war. Darüber hinaus sollte sich der Kontrasteffekt verstärken, wenn die Augenfälligkeit des Informationsträgers erhöht wird.

Um außerdem die Bedingungen zu untersuchen, unter denen spontane Prozesse der kontrastiven Urteilsbildung auftreten, wurde für die Hälfte der Versuchspersonen die Vergleichsdimension vor der Aufnahme der Information aktiviert. Dies geschah, indem die Aufmerksamkeit der Versuchspersonen auf die Gesundheitsdimension gelenkt wurde. Es wurde erwartet, daß unter diesen Bedingungen spontane Vergleichsprozesse und als Konsequenz Kontrasteffekte mit höherer Wahrscheinlichkeit auftreten.

Aus diesen Überlegungen ergab sich ein unvollständiger faktorieller Versuchsplan, in dem die Augenfälligkeit der Urteilsdimension und die Anwesenheit bzw. Abwesenheit der Vergleichsinformation orthogonal variiert wurden, während die Augenfälligkeit der Vergleichsdimension lediglich in den Bedingungen systematisch beeinflußt werden konnte, in denen die entsprechende Information vorgegeben war.

Durchführung des Experiments. Das Experiment wurde in zwei aneinander angrenzenden Räumen durchgeführt, einem Fernsehstudio und einem Versuchsraum, in dem ein Fernsehmonitor installiert war, der vorgeblich mit einer Studiokamera verbunden war. In Wirklichkeit war der Monitor jedoch an einen Videorecorder angeschlossen, der sich ebenfalls im Fernsehstudio befand. Jeweils eine Versuchsperson und ein Strohmann nahmen an einem Experimentaldurchgang teil, der aus zwei Phasen bestand. Zuerst beobachtete die Versuchsperson den Strohmann, während dieser über seine bedauernswerte Lebenssituation berichtete. Danach war ein Fragebogen auszufüllen, der unter anderem Fragen nach allgemeinen und speziellen Aspekten des subjektiven Wohlbefindens enthielt.

Zu Beginn jedes experimentellen Durchgangs wurden Versuchsperson und Strohmann vom Versuchsleiter begrüßt und über den vorgeblichen Zweck der Untersuchung unterrichtet. Es gehe darum herauszufinden, wie zwei Fremde sich einen Eindruck voneinander bildeten. Deshalb sei es notwendig, daß eine Person als Akteur und die andere Person als Beobachter fungiere. Der Akteur sollte einige Informationen über sich selbst zur Verfügung stellen, indem er über etwas berichtet, das für ihn von persönlicher Wichtigkeit sei, während er von der anderen Person dabei beobachtet werde. Um mögliche nichtverbale Einflüsse durch den Beobachter zu vermeiden, müßte sich dieser in einem separaten Raum aufhalten und den Akteur auf dem Bildschirm betrachten. Wegen des Problems der Selbstselektion würden die beiden Rollen per Losentscheid zugewiesen. (Es war jedoch sichergestellt, daß der Versuchsperson immer die Rolle des Beobachters zugewiesen wurde).

Nach der Rollenzuweisung wurden beide Teilnehmer in das Fernsehstudio geleitet, wo der Strohmann in einem Sessel Platz nahm, während die Kamera auf ihn gerichtet wurde. Dann ging der Versuchsleiter mit der Versuchsperson in das Nachbarzimmer und schaltete den Monitor ein. Da der Strohmann inzwischen den Videorecorder eingeschaltet hatte, war dieser auf dem Bildschirm im Sessel sitzend zu sehen.

Als weitere "vertrauensbildende Maßnahme" wurde eine Pseudointeraktion zu Beginn und am Ende der Beobachtungsphase in den Ablauf des Experiments aufgenommen. Am Anfang äußerte der Akteur vom Videoband die Frage, ob er jetzt mit seiner Beschreibung beginnen könne. Daraufhin öffnete der Versuchsleiter die Tür und sagte "Ja, Du kannst jetzt anfangen." Am Ende des Bandes stellte der Akteur die Frage, ob er jetzt genug gesagt habe. Daraufhin antwortete der Versuchsleiter zustimmend und das Band zeigte, wie sich der Akteur von seinem Sessel erhob und sich in Richtung Tür bewegte. Tatsächlich betrat der Akteur dann den angrenzenden Raum, und als der Bildschirm ausgeschaltet wurde, war der leere Sessel zu sehen. Mit diesem etwas aufwendigen Verfahren ist es gelungen, ein mögliches Mißtrauen der

Teilnehmer so effektiv zu verhindern, daß alle Versuchspersonen annahmen, den Akteur "live" auf dem Bildschirm zu sehen und selbst nach der Aufklärung durch den Versuchsleiter äußerten, sie hätten zu keinem Zeitpunkt eine entsprechende Vermutung gehabt.

Der Inhalt der Selbstbeschreibung des Akteurs bezog sich auf dessen Probleme als Nierenkranker. Er berichtete, wie sein ganzes Leben von der Dialyse bestimmt sei. Dabei wurden die damit verbundenen gesundheitlichen, psychologischen und sozialen Probleme dargestellt, und es wurde detailliert geschildert, wie die häufige und unregelmäßige Behandlung ein ordnungsgemäßes Studium und ein befriedigendes Privatleben verhindert.

Nach der Beobachtungsphase wurde ein Fragebogen ausgeteilt, um einige "allgemeine Informationen" über die Teilnehmer zu erhalten. Der Fragebogen enthielt mehrere Füllfragen sowie die abhängigen Variablen. Mit der Beantwortung des Fragebogens war das Experiment beendet.

Unabhängige Variablen. Bisher wurde der Ablauf für diejenigen Bedingungen beschrieben, in denen die Versuchspersonen mit der Vergleichsinformation konfrontiert wurden. Um die Augenfälligkeit dieser Information zum Urteilszeitpunkt zu erhöhen, saß der Strohmann beim Ausfüllen des Fragebogens der Versuchsperson gegenüber, so daß deren Aufmerksamkeit auf den Strohmann gerichtet war. Wenn die Augenfälligkeit nicht manipuliert wurde, saß der Strohmann zu diesem Zeitpunkt außerhalb des Gesichtsfelds der Versuchsperson. Es wurde angenommen, daß durch die visuelle Augenfälligkeit des "Informationsträgers" die Verfügbarkeit der entsprechenden Informationen zum Urteilszeitpunkt erhöht wurde. Ein Drittel der Versuchspersonen erhielt keine Vergleichsinformation (Kontrollgruppe). Diese

Teilnehmer beantworteten den Fragebogen, bevor sie erfuhren, daß sie den Strohmann beobachten sollten.

Um die Augenfälligkeit der Vergleichsdimension zum Zeitpunkt der Enkodierung der Information zu erhöhen, wurde die Hälfte der Versuchspersonen zu Beginn nach ihrer Bereitschaft gefragt, im Anschluß an das Experiment an einer medizinischen Studie teilzunehmen, bei der eine Blutprobe entnommen würde und ein Fragebogen auszufüllen sei. Zusätzlich war unter dieser Bedingung ein Blutdruckmeßgerät sichtbar. Es wurde angenommen, daß auf diese Weise diejenige Urteilsdimension, auf der sich Beobachter und Akteur maximal unterschieden, aktiviert und so ein spontaner Vergleichsprozeß ausgelöst würde.

Ergebnisse. Um die allgemeine Lebenszufriedenheit zu erfassen, wurden die Versuchspersonen gefragt: "Wenn Sie einmal über Ihr Leben als Ganzes nachdenken, wie zufrieden sind Sie dann mit Ihrem Leben?" Die Antworten waren auf einer 11-Punkte-Skala anzugeben, deren Endpunkte mit "sehr zufrieden" (1) bis "sehr unzufrieden" (11) bezeichnet wurden. Wie aus Tabelle 2 hervorgeht, hatte die Vorgabe von Vergleichsinformation einen starken Einfluß auf die Zufriedenheitsurteile. Versuchspersonen, die den Strohmann beobachteten, während dieser seine bedauernswerte Situation beschrieb, beurteilten sich selbst als zufriedener mit ihrem Leben als Versuchspersonen, die dieser Information nicht ausgesetzt waren.

Darüber hinaus war dieser Kontrasteffekt stärker ausgeprägt, wenn die Vergleichsperson während der Urteilsphase visuell augenfällig war. Das heißt, die positivste Einschätzung der eigenen Lebenszufriedenheit wurde berichtet, wenn die Versuchspersonen bei der Urteilsabgabe mit einer Vergleichsperson konfrontiert wurden, die zuvor ihr Lebensschicksal beschrieben hatte.

Spezielle Vergleichs-dimension	Vergleichsinformation		
	vorgegeben Vergleichsperson		nicht vorgegeben
	augenfällig	nicht augenfällig	
augenfällig	2.75	3.75	4.80
nicht augenfällig	2.33	3.89	5.00

Tabelle 2: Beurteilung der allgemeinen Lebenszufriedenheit ("zufrieden mit Leben als Ganzem")

Die statistische Reliabilität dieser Unterschiede spiegelt sich in einem signifikanten Haupteffekt sowohl für den Faktor "Vergleichsinfomation", $F(1,51) = 14.85$, $p < .001$, als auch für die manipulierte Augenfälligkeit der Vergleichsinformation wider, $F(1,51) = 5.48$, $p < .03$. Die Variation der Augenfälligkeit der Vergleichsdimension hatte keinerlei Einfluß auf die Einschätzung der allgemeinen Lebenszufriedenheit. Dies wird sowohl bei einer Betrachtung der Mittelwerte wie auch durch das Fehlen des entsprechenden Haupteffekts und der Wechselwirkung deutlich, alle F's < 1.

Neben der allgemeinen Lebenszufriedenheit wurde nach der Zufriedenheit mit der eigenen Gesundheit gefragt. Die Frage war ebenfalls mit einer Antwortskala von 1 ("sehr zufrieden") bis 11 ("sehr unzufrieden") verbunden. Wie aus Tabelle 3 hervor-

Tabelle 3: Beurteilung der Zufriedenheit mit der Gesundheit

Spezielle Vergleichsdimension	Vergleichsinformation		
	vorgegeben Vergleichsperson		nicht vorgegeben
	augenfällig	nicht augenfällig	
augenfällig	2.63	2.89	2.60
nicht augenfällig	2.11	2.44	4.50

geht, berichteten Versuchspersonen, die keiner experimentellen Manipulation ausgesetzt waren, mit ihrer Gesundheit weniger zufrieden zu sein als Versuchspersonen, für die entweder die Vergleichsinformation oder aber die Vergleichsdimension augenfällig gemacht wurde. Die entsprechende statistische Interaktion war signifikant, $F(2,51) = 9.5$, $p < .05$. Individuelle Kontraste ergaben, daß sich der Mittelwert der abweichenden Zelle signifikant von allen Mittelwerten der übrigen Zellen unterschied, alle p's $< .04$.

Im Gegensatz zu der Beurteilung der allgemeinen Lebenszufriedenheit, waren die speziellen Zufriedenheitsurteile sensibler für die experimentelle Manipulation der Augenfälligkeit der Urteilsdimension. Hier beeinflußte die erhöhte Augenfälligkeit der Urteilsdimension die Urteile in der vorhergesagten Richtung, selbst wenn keine Vergleichsinformation vorhanden war. Tatsächlich hat das Hinzufügen der Vergleichsinformation den Effekt nicht verstärkt.

Diskussion. Die geschilderten Ergebnisse am Beispiel von Zufriedenheitsurteilen zeigen, wie auf der Urteilsdimension distante Informationen zu Kontrasteffekten führen können und wie sich dieser Effekt verstärkt, wenn die Verfügbarkeit dieser Informationen zum Urteilszeitpunkt erhöht wird. Das Wissen um die Verfügbarkeit der Information und um die Distanz auf der Urteilsdimension erlaubt, ähnlich wie in Herrs (1986; Herr et al., 1983) Arbeiten, die Vorhersage eines Kontrasteffekts.

Interessanterweise war die Beurteilung der allgemeinen Lebenszufriedenheit durch die Manipulation der Augenfälligkeit der Gesundheitsdimension nicht beeinflußt, während bei der speziellen Frage nach der Gesundheitszufriedenheit selbst dann ein Effekt beobachtet wurde, wenn keine Vergleichsinformation zur Verfügung stand. Dieses Teilergebnis legt nahe, daß die Aktivierung der Urteilsdimension zwar das spezifische, nicht aber das allgemeine Urteil beeinflußt. Im vorliegenden Fall ist es möglich, daß die Lenkung der Aufmerksamkeit auf die medizinische Dimension die Versuchspersonen veranlaßt hat, ihre eigene Gesundheit mit dem vermuteten Durchschnittswert der Gesamtpopulation in Beziehung zu setzen. Auf diese indirekte Weise kann ein Vergleichsurteil durch die Lenkung der Aufmerksamkeit auf die Urteilsdimension zustande gekommen sein. Dabei stellt sich jedoch die Frage, warum kein paralleler Effekt bei der Beurteilung der *allgemeinen* Lebenszufriedenheit beobachtet wurde. Der Grund dafür mag darin zu suchen sein, daß Personen wenig Information darüber haben, wo sie in der Verteilung dieser psychologischen und schwer beobachtbaren Variablen angesiedelt sind. Beim Nachdenken über die eigene Gesundheit können jedoch in weit stärkerem Maße Informationen über die gesundheitlichen Probleme anderer aktiviert und mit der eigenen, vergleichsweise positiven Lage verglichen werden. Die Ergebnisse legen nahe, daß dabei nicht zwangsläufig auf die daraus resultierenden Implikationen für das Alltagsleben und die subjektive Lebensqualität geschlossen wird.

b) Zeitliche Distanz

Eine weitere Determinante der Richtung des Einflusses von aktivierter Kontextinformation ist die Distanz zwischen aktivierter Information und dem Urteilsgegenstand auf der Zeitdimension. Bisherige Untersuchungen legen nahe, daß mit geringerer zeitlicher Distanz zum Urteilsgegenstand Assimilationseffekte wahrscheinlicher werden und mit zunehmender zeitlicher Distanz eher Kontrasteffekte zu erwarten sind.

Zur Prüfung dieser Vermutung ließen wir in einem Experiment (vgl. Strack et al., 1985, Expt. 1) Versuchspersonen zuerst über positive oder negative Lebensereignisse nachdenken und anschließend über ihr subjektives Wohlbefinden (Glück und Zufriedenheit mit dem Leben im allgemeinen) berichten. Dabei hatten die Vpn entweder Ereignisse zu erinnern, die erst kürzlich eingetreten waren (Gegenwartsbedingung) oder aber in der entfernten Vergangenheit lagen (Vergangenheitsbedingung). Wir stellten fest, daß die Erinnerung an Ereignisse aus der Gegenwart Berichte über das allgemeine Wohlbefinden in Richtung ihrer hedonischen Qualität beeinflußte. Vpn, die über positive Ereignisse der Gegenwart nachgedacht hatten, berichteten, glücklicher und zufriedener mit ihrem Leben im allgemeinen zu sein als Vpn, die über negative Gegenwartsereignisse nachgedacht hatten. Demgegenüber führte das Nachdenken über Ereignisse aus der entfernten Vergangenheit zu einem Kontrasteffekt. Die Vpn beschrieben sich als glücklicher und zufriedener, wenn sie über negative Ereignisse aus der Vergangenheit nachgedacht hatten, als wenn sie positive Ereignisse zu generieren hatten (vgl. auch Dermer, Cohen, Jacobsen, & Anderson, 1979).

Diese Ergebnisse machen deutlich, daß Assimilations- und Kontrasteffekte nicht nur, wie bei Herr und Mitarbeitern, durch die Distanz auf der Urteilsskala bestimmt werden, sondern auch durch die Distanz auf der zeitlichen Dimension. Während geringe zeitliche Distanz dazu führt, daß die aktivierte Information als Urteilsgrundlage dient und das Urteil in die Richtung ihrer Implikationen beeinflußt, führt hohe zeitliche Distanz dazu, daß die aktivierte Information als Vergleichsstandard herangezogen wird. Diese Interpretation wird von den vorliegenden Ergebnissen zumindest für die Zeitperspektive der Vergangenheit gestützt. Bisher noch unveröffentlichte Ergebnisse (vgl. Strack, N. Schwarz und Nebel, 1990) legen nahe, daß Kontrasteffekte auch durch das Nachdenken über zukünftige Ereignisse hervorgerufen werden können, unter der Bedingung, daß die Zukunft als neuer Lebensabschnitt betrachtet wird. In dieser Untersuchung wurden Studenten gebeten, entweder ein positives oder ein negatives Ereignis zu beschreiben, dessen Eintreten sie in fünf Jahren erwarten würden. Bei der Hälfte der Versuchspersonen wurde in der Instruktion ein Einschnitt betont, der zu dieser Zeit stattfinden würde, nämlich das Verlassen der Universität und das Eintreten in die Berufswelt. Die Ergebnisse bestätigten unsere Vermutung. Wenn der Einschnitt nicht betont wurde, stimmte das berichtete Wohlbefinden mit der hedonischen Qualität der generierten Ereignisse überein. Wurde der Einschnitt dagegen betont, entstand ein Kontrasteffekt: Versuchspersonen, die an ein negatives Zukunftsereignis dachten, berichteten, glücklicher und zufriedener zu sein als Personen, die ein positives Zukunftsereignis aufzuschreiben hatten.

Dieser Befund erlaubt die spekulative Vermutung, daß durch die zeitliche Distanz eine übergeordnete Klassifikation (vgl. Tajfel 1981) eingeführt wird, durch die ein Ereignis als im Vergleich zum Urteilsgegenstand "unterschiedlich" oder als ihm "ähnlich" kategorisiert wird. Dabei scheinen vergangene Ereignisse eher als "unterschiedlich" betrachtet zu werden, während zukünftige Ereignisse durch gedankliche Antizipation offenbar eher in die Gegenwart einbezogen werden.

Eine besonders interessante Situation entsteht, wenn durch das Nachdenken über Ereignisse Stimmungen ausgelöst werden. Wie die bisherigen Forschungsergebnisse zeigen, werden durch Stimmungen durchweg assimilative Einflüsse auf relevante Selbsturteile bewirkt (z.B. N. Schwarz & Clore, 1983; als Überblick, N. Schwarz, 1987). Bisher liegen keine Ergebnisse vor, die als Konsequenz von Stimmungseinflüssen Kontrasteffekte aufzeigen. Im Zusammenhang mit früheren Ergebnissen (Strack et al.,1985) stellt sich daher die Frage, welche Einflüsse zu erwarten sind, wenn durch das Nachdenken über vergangene Ereignisse Stimmungen ausgelöst werden. Zur Beantwortung haben wir zwei Untersuchungen durchgeführt (Strack et al., 1985, Expt. 2 und 3), in denen die Vpn entweder abstrakt über ein Ereignis nachzudenken hatten ("Warum ist das Ereignis eingetreten?") oder sich den Ablauf des Ereignisses bildhaft vorstellen sollten ("Wie ist das Ereignis im einzelnen abgelaufen?"). Grundlage dieser Manipulation war die Vermutung, daß durch bildhaftes Vorstellen von hedonisch relevanten Ereignissen eher Stimmungen ausgelöst werden als durch abstraktes Nachdenken. Eine Prüfung der Wirksamkeit dieser Manipulation bestätigte diese Vermutung. Wichtigste Frage war jedoch, ob sich stimmungsauslösendes Nachdenken über vergangene Ereignisse als Assimilations- oder als Kontrasteffekt auf die Beurteilung des subjektiven Wohlbefindens auswirkt. Die Ergebnisse beider Experimente zeigen übereinstimmend, daß die Berichte über Lebensglück und -zufriedenheit in die Richtung der hedonischen

Qualität der durch das Nachdenken ausgelösten Stimmung beeinflußt wird. Vpn, die durch bildhaftes Nachdenkens über ein vergangenes positives Lebensereignis eine entsprechende Stimmung erlebten, beurteilten ihr subjektives Wohlbefinden positiver als Vpn, die ein negatives Ereignis aus der Vergangenheit vorzustellen hatten und so in eine negative Stimmung versetzt wurden. War die experimentelle Aufgabe jedoch, das vergangene Ereignis abstrakt zu beschreiben, so daß durch die Art des Nachdenkens keine Stimmung ausgelöst wurde, ergab sich, wie in Experiment 1, ein Kontrasteffekt in Abhängigkeit von der hedonischen Qualität des vergangenen Ereignisses.

Da die momentane Stimmung immer ein Ereignis der Gegenwart darstellt und ihr von daher eine informative Funktion für die Beurteilung des subjektiven Wohlbefindens zukommt (vgl. N. Schwarz, 1987; N. Schwarz & Clore, 1983), "überbrückt" die ausgelöste Stimmung die zeitliche Distanz zu dem Ereignis. Aus der geriatrischen Forschung (z.B. Butler, 1963; Coleman, 1986) ist bekannt, daß die Erinnerung an die eigene Vergangenheit, z.B. die Jugendzeit, völlig gegensätzliche psychologische Konsequenzen nach sich ziehen kann. Während für Butler (1963) die negativen Auswirkungen auf die subjektive Befindlichkeit im Vordergrund stehen, betrachtet Coleman (1986) die Erinnerung an die Vergangenheit als positive, empfehlenswerte Aktivität für ältere Menschen und berichtet über "happy reminiscers". Auf der Grundlage der berichteten Ergebnisse scheint es, daß ein Teil dieses Widerspruchs aufgeklärt werden kann, wenn neben der hedonischen Qualität der Ereignisse die Art des Nachdenkens und die daraus entstehenden emotionalen Konsequenzen in die Analyse einbezogen werden.

c) Die Erinnerung an die Aktivierungsepisode.

Als dritte Determinante der Richtung des Einflusses aktivierter Information scheint die Erinnerung an die Episode der Informationsaktivierung eine wichtige Rolle zu spielen, denn die Aktivierung von Informationen durch eine entsprechende Aufgabe führt nicht nur dazu, daß die Information selbst anschließend leichter aus dem Gedächtnis abzurufen ist. Neben dem aktivierten Inhalt kann auch die *Episode* (vgl. Tulving, 1983) der Aktivierung eine Gedächtnisspur hinterlassen. So kann sich ein Befragter, dem auf die Frage nach der Zufriedenheit mit seinem Leben im allgemeinen vor allem Ereignisse aus einem bestimmten Lebensbereich einfallen, daran erinnern, daß er zuvor eine Frage entsprechenden Inhalts beantwortet hat. L. L. Martin (1986) hat die Vermutung geäußert, daß die Erinnerung an die Aktivierungsepisode die Verwendung der aktivierten Information beeinflussen kann. Martin stellte fest, daß Assimilationseffekte vor allem dann erzielt wurden, wenn die Aktivierungsaufgabe subtil und unauffällig war. In Untersuchungen, in denen dagegen die Aktivierungsaufgabe auffälligeren Charakter hatte, wurde die aktivierte Information nicht verwendet, um eine Urteilsverzerrung zu vermeiden (z.B. Kubovy, 1978). L. L. Martin (1986) fand Kontrasteffekte, wenn die Aktivierung eines Konzepts in auffälliger Weise erfolgte. Martin nimmt an, daß durch die Auffälligkeit der Aktivierungsaufgabe die erhöhte Verfügbarkeit stärker mit der Aufgabe als mit dem aktivierten Inhalt verknüpft war. Um ein unverzerrtes Urteil abzugeben, haben die Vpn vermutlich Informationen herangezogen, die sich von den zuvor aktivierten Inhalten unterschieden. Das Ergebnis war ein Kontrasteffekt.

Weitere empirische Belege liefern Untersuchungen von Lombardi, Higgins und Bargh (1987), die gezeigt haben, daß bei Vpn, die sich nicht an die Aktivierungsepisode erinnern konnten, verstärkt Assimilationseffekte auftraten, während bei Vpn, die sich an die Aktivierungsphase des Experiments erinnerten, sowohl Assimilations- wie auch Kontrasteffekte beobachtet wurden. Lombardi et al. vermuten, daß die Erinnerung an die Aktivierung eine flexiblere Verwendung des aktivierten Inhalts ermöglicht, während bei fehlender episodischer Erinnerung "automatische" (vgl. Schneider & Shiffrin, 1977; Shiffrin & Schneider, 1977) Assimilationsprozesse ablaufen. Die Autoren interpretieren auch Herrs (1986) Ergebnisse aus ihrer Perspektive, indem sie annehmen, daß die Vorgabe von extremen Kontextstimuli eher erinnert wird und so zu Kontrasteffekten führt. Bei der Interpretation der Ergebnisse von Lombardi et al. muß jedoch einschränkend erwähnt werden, daß die Erinnerung an die Aktivierungsepisode gemessen und nicht manipuliert wurde. Insofern läßt sich das Vorliegen einer umgekehrten Kausalbeziehung zwischen Erinnerung und Richtung des Einflusses nicht ausschließen. Darüber hinaus bleibt die Frage nach den Determinanten offen, die bei Erinnerung an die Episode die "flexible" Verwendung der aktivierten Inhalte bestimmen.

Dieses Interpretationsproblem sollte ein eigenes Experiment beseitigen, in dem wir die Erinnerung an die Aktivierungsepisode *experimentell variierten* (Strack, N. Schwarz, Bless, Kübler, & Wänke, in Druck).

Methode. In dieser Studie hatten Versuchspersonen, die an einer Studie über "Wahrnehmung und Denken" teilnahmen, eine Serie von kognitiven Aufgaben zu lösen, wobei durch die erste Aufgabe die Aktivierung der relevanten Information erfolgen sollte, die zweite Aufgabe als Füller diente und in der letzten Aufgabe eine mehrdeutige Zielperson beurteilt werden sollte. Dabei erhielt ein Teil der Versuchspersonen vor der Beschreibung der Zielperson mehrere Fragen, die sie an die Episode der Informationsaktivierung erinnern sollten.

Im einzelnen erhielt jede Versuchsperson beim Betreten des Experimentalraums ein tragbares Gerät zum Abspielen von Audio-Kassetten ("Walkman") sowie Umschläge mit den Antwortformularen für die verschiedenen Aufgaben. In der ersten Aufgabe sollte vorgeblich der "Einfluß von Informationsverarbeitung auf die akustische Wahrnehmung" untersucht werden, in der zweiten Aufgabe ging es um "numerische Operationen", und der Gegenstand der dritten Aufgabe war der "Inhalt von verbaler Information".

In der ersten Aufgabe, in der die relevanten Informationen aktiviert wurden, erhielten die Versuchspersonen 10 Töne dargeboten, denen jeweils ein Wort vorausging und nachfolgte. Die Versuchspersonen hatten dann auf ihrem Antwortblatt durch Ankreuzen der entsprechenden Kategorie anzugeben, ob der Ton hoch oder niedrig war, und das vorausgehende Wort aufzuschreiben. Bei vier der zehn Wörter handelte es sich um Adjektive, die mit einer der zwei möglichen Interpretationen der mehrdeutigen Information übereinstimmten. So waren die Adjektive je nach Bedingung entweder bedeutungsverwandt mit dem Begriff "kameradschaftlich" (Information aktiviert: positiv) oder aber mit dem Begriff "unehrlich" (Information aktiviert: negativ). Bei den restlichen sechs Durchgängen wurden neutrale Substantive (z.B. Straße, Haus, etc.) als Füllwörter dargeboten. Die auf die Töne folgenden Wörter hatten mit akustischer Wahrnehmung und Musik zu tun (z.B. laut, Symphonie). In der nachfolgenden Ablenkungsaufgabe bekamen die Versuchspersonen 104 zweistellige Zahlen vorgelegt, von denen sie die durch sieben teilbaren Zahlen zu markieren hatten.

Zentrale experimentelle Variation war die Erinnerung an die Aktivierungsepisode. Dazu erhielt die Hälfte der Versuchspersonen mehrere Fragen, die sich auf die erste Aufgabe bezogen. Die entspechenden Versuchspersonen wurden aufgefordert, sich an die akustische Aufgabe zu erinnern und vier Fragen zu beantworten, die sich a) auf die Unterscheidbarkeit der Tonhöhen, b) die relative Häufigkeit von Adjektiven und Substantiven, c) die Einschätzung der Erinnerung an die Adjektive und d) Substantive, die mit dem hohen Ton verknüpft waren, bezogen.

Darauf folgte eine Aufgabe zur "Personenwahrnehmung". Die Versuchspersonen erhielten dazu folgende Beschreibung:

"Thomas ist wissenschaftliche Hilfskraft am Lehrstuhl für Statistik. Das Arbeitsklima an diesem Lehrstuhl ist sehr kollegial, und alle gehen locker miteinander um. Mit den Mitarbeitern versteht sich Thomas ausgezeichnet, und als Vertrauensperson hat er Zugang zu allen Räumen. Thomas' guter Freund und Mitbewohner Stefan ist bei der letzten Vordiplomsklausur in Statistik aufgrund unglücklicher Umstände durchgefallen. Wenn er diesmal wieder durchfällt, werden seine Eltern sehr ärgerlich und er hätte nur noch einmal eine Chance, die Klausur zu wiederholen. Deshalb bat er Thomas, ihm einige Prüfungsaufgaben zu besorgen, da es für Thomas doch kein Problem sei, an die Aufgaben heranzukommen. Schließlich gab Thomas dem Drängen seines Freundes nach und kopierte ihm die Aufgaben, die am Lehrstuhl herumlagen."

Nach der Darbietung der Geschichte war die letzte Serie von Fragen zu beantworten. Zunächst sollten die Versuchspersonen auf einer 9-Punkte-Skala eine globale Einschätzung ihrer Sympathie für Thomas abgeben. Anschließend sollten sie Thomas in einem offenen Antwortformat (ein Satz oder weniger) beschreiben. Diese Antworten wurden anschließend von unabhängigen Beurteilern hinsichtlich der zum Ausdruck gebrachten Bewertung eingeschätzt. Danach erhielten die Versuchspersonen eine Ratingskala vorgegeben, deren Endpunkte den Inhalten entsprach, die in den unterschiedlichen Bedingungen der Primingaufgabe aktiviert wurden (1: "eher unehrlich", 9: "eher kameradschaftlich").

Ergebnisse. Die Hypothese, daß die Richtung des Priming-Effekts durch die Erinnerung an die Primingepisode mitbestimmt wird, sollte sich in einer statistisch bedeutsamen Wechselwirkung der Faktoren "Inhalt der aktivierten Information" und "Erinnerung an die Primingepisode" niederschlagen. Das heißt, die Bewertung der Zielperson sollte ohne Erinnerungsmanipulation an die Implikationen der aktivierten Information "assimiliert" werden. Dagegen sollte ein Kontrasteffekt resultieren, wenn die Versuchspersonen an die Primingepisode erinnert werden.

Daher wurden die Ergebnisse einer 2 (positiver vs. negativer Inhalt der aktivierten Information) X 2 (Erinnerung vs. keine Erinnerung an die Primingepisode) faktoriellen multivariaten Varianzanalyse (MANOVA) mit den drei abhängigen Variablen unterzogen. Die vorhergesagte Wechselwirkung war signifikant, $F(3,75) = 4.06$, $p < .01$. Demgegenüber verfehlten die beiden Haupteffekte die Kriterien statistischer Reliabilität, beide p's $< .20$.

Mittelwertsvergleiche (vgl. Tabelle 4) für die einzelnen abhängigen Variablen ergeben im wesentlichen das vorhergesagte Ergebnismuster. Wenn die Versuchspersonen nicht an die Primingepisode erinnert wurden, wurde das Urteil in Richtung der aktivierten Information beeinflußt. So erhielt Thomas höhere Sympathieeinschätzungen, wenn zuvor Informationen aktiviert wurden, die mit "Kameradschaft" zu tun hatten, als wenn sich diese Informationen auf "Unehrlichkeit" bezogen. Dasselbe Muster zeigte sich bei den offenen Beschreibungen und bei der Einschätzung auf den relevanten Eigenschaftsdimensionen. Dagegen hatte die aktivierte Information einen umgekehrten Einfluß auf das Urteil, wenn die Versuchspersonen an die Primingepisode erinnert wurden. Entsprechende Kontrasteffekte zeigten sich vor allem auf der globalen Sympathieeinschätzung und dem Urteil auf der relevanten Eigenschaftsdimension, während sich kein Unterschied bei der Valenz der offenen

Tabelle 4: Beurteilung der Zielperson in Abhängigkeit der aktivierten Information und der Erinnerung an die Aktivierungsepisode

Erinnerung an die Primingepisode	Aktivierte Information			
	"kameradschaftlich"		"unehrlich"	
	ja	nein	ja	nein
Sympathieurteil	5.60	6.10	6.95	4.95
Rating der "offenen" Beschreibungen	2.55	2.87	2.57	1.85
Einschätzung "unehrlich" vs. "kameradschaftlich"	5.65	6.15	6.19	4.60

Beschreibung ergab. Die entsprechenden univariaten Wechselwirkungen waren statistisch bedeutsam.

Diese Ergebnisse machen deutlich, daß die Erinnerung an die Primingepisode die nachfolgende Urteilsbildung beeinflußt. Bei experimentell induzierter Erinnerung an die Priminepisode traten Kontrasteffekte auf, während ohne Erinnerungsinduktion Assimilationseffekte beobachtet wurden. Die vorliegenden Befunde ergänzen die

Resultate von Lombardi et al. (1987) und zeigen, daß der Erinnerung an die Umstände der Aktivierung der urteilsrelevanten Information eine kausale Bedeutung hinsichtlich der Richtung des Informationseinflusses zukommt.

Allerdings werfen die vorliegenden Ergebnisse die Frage auf, ob die Erinnerung an die Priming-Episode eher als notwendige oder bereits als hinreichende Bedingung für das Entstehen von Kontrasteffekten zu betrachten ist. Anders formuliert: Ist die Erinnerung an die Aktivierung der Information *Voraussetzung* dafür, daß Kontrasteffekte auftreten können, die durch andere Einflüsse hervorgerufen werden, oder ist die Erinnerung selbst eine hinreichende Determinante? Diese komplizierte Frage kann im Rahmen der vorliegenden Arbeit nicht beantwortet werden. Im folgenden soll jedoch die Wirkung einer Gruppe von Einflußfaktoren beschrieben werden, die die Erinnerung an die Aktivierungsepisode zur Voraussetzung haben.

d) Regeln der Kommunikation

Fragen und Antworten sind ein wichtiger Bestandteil menschlicher Kommunikation. Jede kommunikative Interaktion hat ein bestimmtes Ziel, z.B. den Partner über einen Sachverhalt zu informieren, ihn um eine Information zu bitten, oder ihn zu einer Handlung aufzufordern (vgl. Bühler, 1934; Austin, 1962; Searle, 1975). Ob eine Kommunikation jedoch ihr Ziel erreicht, wird unter anderem von dem Ausmaß bestimmt, in dem sich die Teilnehmer an bestimmte Regeln halten, d.h., in dem sie miteinander kooperieren. Einige wichtige Kommunikationsregeln wurden von dem Sprachforscher Grice (1975) identifiziert. Grice zufolge ist das wichtigste Prinzip der Kooperation der Versuch, "informativ" zu sein.

Betrachtet man die standardisierte Befragung als einen Spezialfall menschlicher Kommunikation, dann müssen Befragte, die "kooperativ" sein wollen, die optimale Menge an Informationen liefern. Das heißt, Befragte müssen Fragen so beantworten, daß sie genau die Information liefern, die der Fragesteller benötigt. Anders formuliert, von einem Befragten wird erwartet, daß er in seiner Antwort Information liefert, die in bezug auf das Vorwissen des Fragestellers nicht redundant ist. Diese stillschweigende Vereinbarung wurde in der einschlägigen Literatur (vgl. Clark & Haviland, 1977) "given-new contract" genannt.

Als Illustration für die Implikationen des "given-new contract" möge folgendes Beispiel dienen. Eine Person wird in ihrer Heimatstadt gefragt, wo sie ihren Urlaub verbringen werde. Die Antwort "In Norwegen" wäre, falls zutreffend, eine informative Antwort unter den gegebenen Bedingungen. Wenn derselben Person dieselbe Frage nochmals gestellt wird, nachdem sie die norwegische Grenze überschritten hat, wäre jedoch die frühere Antwort uninformativ. In diesem Fall weiß der Fragesteller bereits, daß der Befragte seinen Urlaub in Norwegen verbringen will. Um kooperativ zu kommunizieren, müßte der Befragte daher in dieser Situation spezifischere Informationen liefern und die Stadt oder gar das Hotel nennen, in dem er seinen Urlaub verbringen wird. Dieses Beispiel macht deutlich, daß jeder Teilnehmer an einer erfolgreichen Kommunikation für das jeweilige Vorwissen des Partners sensibel sein muß.

Oft erschließen Befragte die erwünschte, neue Information auf der Grundlage des beim Fragesteller vorausgesetzten Wissens ("presupposed knowledge", vgl. Hilton & Slugoski, 1986; Levinson, 1983) und nehmen an, daß sich die Frage auf etwas bezieht, das vom vorausgesetzten Wissen abweicht. Unter diesen Bedingungen kann das vorausgesetzte Wissen "subtrahiert" (vgl. Schuman & Presser, 1981) werden, um den Referenten der Frage zu identifizieren.

Im folgenden Beispiel soll dargestellt werden, wie der "Subtraktionsprozeß" die Antworten von Person B in zwei fiktiven Konversationen beeinflussen kann:

Konversation A
Person A: "Wie geht es Deinem Chef?"
Person B: (Antwort)
Person A: "Und wie geht es Deiner Familie?"
Person B: (Antwort)

Konversation B
Person A: "Wie geht es Deiner Frau?"
Person B: (Antwort)
Person A: "Und wie geht es Deiner Familie?"
Person B: (Antwort)

Worauf bezieht sich das Wort "Familie" in beiden Konversationen? Ist mit "Familie" auch die Ehefrau des Befragten gemeint oder nur dessen Kinder? In Konversation B erlaubt der "given-new contract" die Schlußfolgerung, daß sich "Familie" auf die Kinder bezieht, denn die Information über das Wohlergehen der Ehefrau wurde schon vorher gegeben. Hier ist der spezifische Referent "Ehefrau" von der Interpretation des allgemeinen Konzepts "Familie" subtrahiert worden. In Konversation A wäre dies jedoch nicht möglich. In dieser Interaktion wurde zuvor keine

Information über das Wohlergehen der Ehefrau geliefert. Deshalb wird hier die Antwort auf die zweite Frage das Befinden der Ehefrau mit einbeziehen, da es sich dabei um einen neuen und informativen Beitrag zur laufenden Konversation handelt.

Dabei muß beachtet werden, daß der "given-new contract" nur dann anwendbar ist, wenn die Fragen als zu dem selben Konversationskontext gehörend wahrgenommen werden. Wenn eine Person den Befragten in Situation A nach seiner Frau fragt und eine völlig andere Person anschließend nach seiner Familie, wird wahrscheinlich keine Subtraktion zu beobachten sein, denn für die zweite Person ist die Information über die Ehefrau keineswegs redundant. Daher wird der Befragte unter dieser Bedingung das Befinden der Ehefrau in die Antwort auf die Frage nach der Familie einbeziehen, obwohl er dieselbe Frage zuvor bereits beantwortet hat. Es wäre sogar zu vermuten, daß er die Antwort in besonderem Maße auf die Information über die Befindlichkeit der Ehefrau stützt, denn diese Information wurde durch die Vorfrage aktiviert.

An diesem Beispiel werden die beiden Prozesse deutlich, die durch die Beantwortung einer Frage eingeleitet werden. Zum einen wird durch die Beantwortung der Frage spezielle Information aktiviert und so für die nachfolgende Urteilsbildung leichter aus dem Gedächtnis abrufbar. Gleichzeitig kann der Befragte aus seiner Antwort den aktuellen Wissensstand des Fragestellers erschließen und so die Regeln der Kommunikation zur Anwendung bringen. Der erste Prozeß sollte zu einem Assimilationseffekt führen, während der zweite Prozeß einen Kontrasteffekt hervorrufen sollte.

Diese Überlegungen wurden in einer Serie von Untersuchungen geprüft. Grundlegend war dabei die Annahme, daß die Griceschen Regeln der Kommunikation nur dann zur Anwendung kommen, wenn die Kommunikationsbeiträge zu einem gemeinsamen

Konversationskontext gehören. Wenn zwei Fragen als unzusammenhängend wahrgenommen werden, dann sollte das Nachdenken über den Inhalt der vorangehenden Frage lediglich dessen spätere Verfügbarkeit erhöhen. Auf diese Weise würde der entsprechende Inhalt zur Urteilsgrundlage, und ein Assimilationseffekt wäre die Folge. Wenn dagegen beide Fragen als zum selben Konversationskontext gehörend wahrgenommen werden, sollte der "given-new contract" zur Anwendung kommen. Als Folge davon werden Inhalte der zuvor gegebenen Antwort bei der Generierung der Antwort auf die nachfolgende Frage nicht mehr berücksichtigt. Ein Kontrasteffekt wäre die Folge.

Spezielle und allgemeine Fragen. In der Umfrageforschung wurde bei unterschiedlichen Inhalten festgestellt, daß die Beantwortung einer speziellen Frage zu einer unterschiedlicheren Beantwortung einer nachfolgenden allgemeineren Frage führt (vgl. Schuman & Presser, 1981). So fanden z.B. Schuman, Presser und Ludwig (1981), daß Befragte weniger bereit waren, die allgemeine Frage nach der Zulässigkeit von Abtreibungen zustimmend zu beantworten, wenn sie zuvor bei einer speziellen Frage nach der Zulässigkeit von Abtreibungen im Fall der Behinderung des Kindes zugestimmt hatten. Dies war nicht der Fall, wenn die spezielle Frage nach der allgemeinen zu beantworten war.

Im Lichte der bisherigen Analyse steht zu vermuten, daß die Befragten die beiden Fragen als zusammengehörig wahrnahmen und zur Beantwortung der zweiten, allgemeineren Frage andere Informationen heranzogen als die schon zuvor wiedergegebenen. Um diese Vermutung systematisch zu überprüfen, wurden Versuchspersonen in einer experimentellen Umfrage spezielle und allgemeine Fragen zu ihrem subjektiven Wohlbefinden vorgelegt und dabei die Reihenfolge der Vorgabe sowie der Konversationskontext variiert. Aus den bisherigen Überlegungen wurde die

Hypothese abgeleitet, daß die Beantwortung der speziellen Frage vor der allgemeinen Frage die speziellen Inhalte als Urteilsgrundlage zur Beantwortung der allgemeinen Frage herangezogen werden und so die Ähnlichkeit der Antworten erhöht (Assimilationseffekt). Werden die beiden Fragen jedoch in einen gemeinsamen Konversationskontext gestellt, werden die zuvor aktivierten speziellen Aspekte des subjektiven Wohlbefindens nicht in die Beurteilung des allgemeinen Wohlbefindens einbezogen, und es kommt zu einem Kontrasteffekt.

Experiment 1: Bewertung des eigenen "dating" und subjektives Wohlbefinden. Da unter amerikanischen College-Studenten die Zufriedenheit mit Kontakten zum anderen Geschlecht ("dating") einen engen Zusammenhang zur allgemeinen Lebenszufriedenheit aufweist (Emmons & Diener, 1985), wurde dieser spezielle Aspekt des subjektiven Wohlbefindens ausgewählt. 180 Studenten der Anfangssemester an der Universität von Illinois wurden gebeten, einen kurzen Fragebogen (15 Fragen) zu "studentischen Problemen" auszufüllen. Für die Untersuchung wesentlich waren dabei die in Abb. 7 dargestellten Fragen.

Diese Fragen wurden unter einer Reihenfolgebedingung so gestellt, daß die spezielle Frage nach "happiness with dating" als letzte Frage auf der ersten Seite des Fragebogens plaziert war und die allgemeine Frage nach "happiness with life in general" als erste Frage auf der zweiten Seite. So wurde erreicht, daß zwar einerseits der zeitliche Abstand zwischen Aktivierung und Urteilsbildung gering gehalten wurde (vgl. Srull & Wyer, 1979, 1980), andererseits aber die Wahrnehmung der Zusammengehörigkeit der Fragen minimiert wurde. Unter der umgekehrten Reihenfolgebedingung wurde zuerst nach "happiness with life in general" und dann nach "happiness with dating" gefragt.

```
┌─────────────────────────────────────────────────────────────┐
│                                                             │
│           Abb. 7: Formulierung der allgemeinen und der      │
│                       speziellen Frage                      │
│                                                             │
│   Allgemeine Frage:                                         │
│   How happy are you with life in general?                   │
│                                                             │
│      not so happy      1 2 3 4 5 6 7 8 9 10 11    extremely happy │
│                                                             │
│                                                             │
│   Spezielle Frage:                                          │
│   How happy are you with your dating?                       │
│                                                             │
│      not so happy      1 2 3 4 5 6 7 8 9 10 11    extremely happy │
│                                                             │
└─────────────────────────────────────────────────────────────┘
```

Zur Herstellung des Konversationskontextes wurden die beiden Fragen wie in Abb. 8 dargestellt eingeleitet.

Danach wurden die beiden Fragen in der spezifisch/allgemein Reihenfolge vorgegeben. Durch die gewählte Einleitung wurde sichergestellt, daß einerseits die speziellen Inhalte bei der Beantwortung der allgemeinen Frage leicht verfügbar sind, andererseits aber beide Fragen als zusammengehörig wahrgenommen wurden und so die Griceschen Regeln der Kommunikation zur Anwendung kommen.

> **Abb. 8: Herstellung des Konversationskontextes**
>
> **Now, we would like to learn about two areas of life that may be important for people's overall well-being:**
> - **a) happiness with dating, and**
> - **b) happiness with life in general.**

Die Ähnlichkeit der Antworten wurde über die Produkt-Moment-Korrelation erfaßt. Die Ergebnisse sind in der Tabelle 5 wiedergegeben.

Tabelle 5: Korrelationen zwischen "general happiness" und "happiness with dating"

Kontrollbedingung (Reihenfolge: allgemein/speziell)	Spezielle Information zuerst aktiviert	Aktivierung + Konversationskontext
a) $r = .16$ (N = 60)	b) $r = .55$ (N = 60)	c) $r = .26$ (N = 60)

a) vs. b): $p < .007$
b) vs. c): $p < .03$
a) vs. c): n.s.

Wie aus Tabelle 5 hervorgeht, war die Korrelation zwischen "general happiness" und "happiness with dating" in der Kontrollbedingung, in der die spezielle Frage nach der allgemeinen Frage plaziert wurde, sehr gering ausgeprägt ($r = .16$). Dagegen erhöhte sich die Korrelation signifikant ($r = .55$), $z = 2.44$, $p < .007$, wenn die spezielle Frage nach den Beziehungen zum anderen Geschlecht vor der Frage nach dem allgemeinen Lebensglück gestellt wurde[9]. Dies wurde auf der Grundlage des Verfügbarkeitsprinzips erwartet. Wenn jedoch ein gemeinsamer Konversationskontext hergestellt wurde und die beiden Fragen in derselben Reihenfolge vorgegeben wurden, verringerte sich die Korrelation wiederum statistisch bedeutsam ($r = .26$), $z = 1.88$, $p < .03$. Der unter dieser Bedingung ermittelte Korrelationskoeffizient unterschied sich nicht signifikant vom entsprechenden Wert unter der Kontrollbedingung, $z = .56$. Dieses Ergebnismuster wurde auf der Grundlage der Konversationsregeln vorhergesagt, die vom Befragten einen informativen Beitrag zur laufenden Konversation verlangen. Obwohl also Informationen über Aspekte des "dating" gerade aktiviert wurden, gingen sie nicht in die Beurteilung der allgemeinen Lebenszufriedenheit ein.

Experiment 2: Erinnerung an die Häufigkeit des eigenen "dating" und subjektives Wohlbefinden. Um dieses Ergebnis zu replizieren, wurde eine zweite Untersuchung durchgeführt, in der die Befragten keine explizite Bewertung ihrer Beziehungen zum anderen Geschlecht abzugeben hatten, sondern über die Häufigkeit ihres "dating" zu berichten hatten. Sicher hat die "dating" Häufigkeit evaluative Implikationen, da sie in engem Zusammenhang mit "dating happiness" steht (vgl. Emmons & Diener, 1985). Der Vorteil der Erfassung der Häufigkeit liegt jedoch in der Möglichkeit, eine unterschiedliche Antwortskala vorzugeben, während im ersten Experiment die mit

---

[9] Es ergaben sich keine Mittelwertsunterschiede zwischen den Bedingungen und die Varianzen waren homogen.

der allgemeinen und speziellen Frage verbundenen Antwortskalen identisch waren. Kann der Effekt im zweiten Experiment repliziert werden, ist weitgehend auszuschließen, daß es sich um einen Effekt der unterschiedlichen Skalenverwendung handelt. Somit ließe sich das Vertrauen in den postulierten Prozeß der Wechselwirkung von Kognition und Kommunikation verstärken.

Das experimentelle Vorgehen unterschied sich von der ersten Untersuchung lediglich in der Formulierung der speziellen Frage, die in Abb. 9 wiedergegeben ist.

Abb. 9: Formulierung der speziellen Frage

How often do you normally go out on a date?

about .... times in month

Wie aus Tabelle 6 klar hervorgeht, entspricht das Muster der Korrelationen dem der ersten Untersuchung. Die Korrelation zwischen "general happiness" und "frequency of dating" war klein und unterschied sich nicht von 0 ($r = -.12$) in der Kontrollbedingung, in der die spezifische Frage nach der allgemeinen gestellt wurde. Der Zusammenhang zwischen den beiden Variablen erhöhte sich signifikant ($r = .66$), $z = 5.04$, $p < .001$, wenn die Frage nach der Häufigkeit des "dating" der allgemeinen Glücksfrage vorangestellt war. Und ebenso wie im ersten Experiment verringerte sich die Korrelation ($r = 0.15$), $z = 3.43$, $p < .001$, wenn beide Fragen im selben Konversationskontext gestellt wurden. Wie zuvor wurden die Mittelwerte nicht durch die Experimentalmanipulation beeinflußt, und unterschiedliche

Standardabweichungen können nicht als Ursache der unterschiedlichen Korrelationen herangezogen werden.

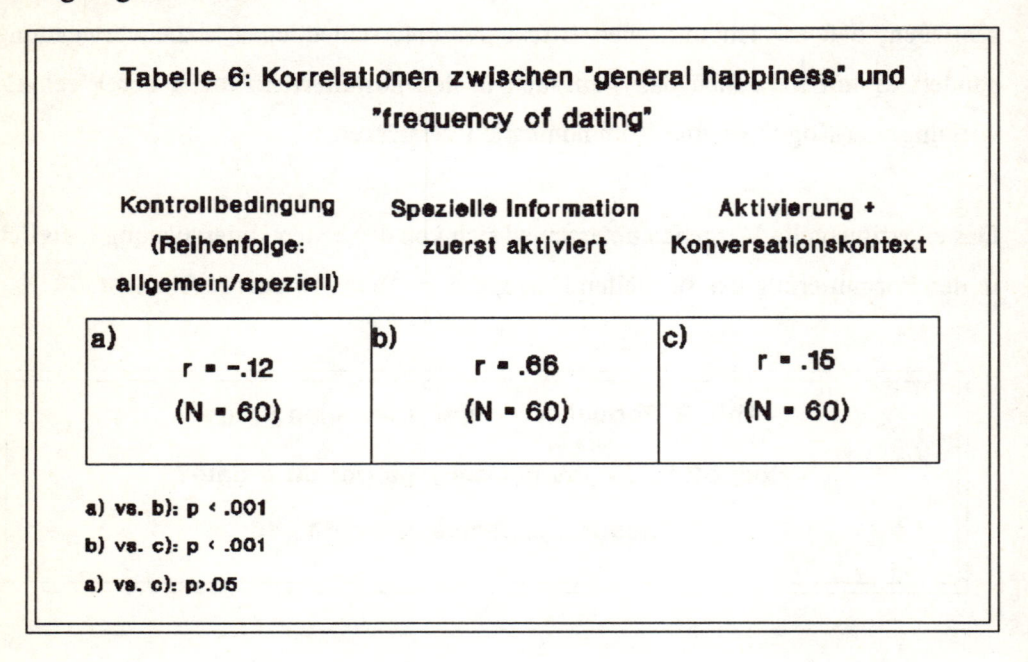

Tabelle 6: Korrelationen zwischen "general happiness" und "frequency of dating"

Kontrollbedingung (Reihenfolge: allgemein/speziell)	Spezielle Information zuerst aktiviert	Aktivierung + Konversationskontext
a) r = -.12 (N = 60)	b) r = .66 (N = 60)	c) r = .15 (N = 60)

a) vs. b): $p < .001$
b) vs. c): $p < .001$
a) vs. c): $p > .05$

Fragen ähnlichen Inhalts. Daß Regeln der Kommunikation nicht nur die Verwendung zuvor aktivierter spezieller Information bei der Bildung von allgemeineren Urteilen beeinflußt, wird in der folgenden Untersuchung deutlich. Ausgangspunkt war die Überlegung, daß bei der Beantwortung von Fragen zu ähnlichen Inhalten entweder die gemeinsamen oder die unterschiedlichen Merkmale der beiden Konzepte herangezogen werden können.

"Glück" und "Zufriedenheit" sind Beispiele für semantisch ähnliche Konzepte, die, wenn danach gefragt wird, ähnliche Reaktionen hervorrufen. So ist es nicht überraschend, daß Urteile über das eigene Glück und die eigene Zufriedenheit hoch korrelieren (vgl. Veenhoven, 1984). Gleichzeitig existieren jedoch auch Merkmale, die für jedes der beiden Konzepte distinkt sind. So beinhaltet "Glück" eher affektive

Determinanten während sich "Zufriedenheit" eher auf normative und komparative Überlegungen richtet (vgl. Andrews & McKennell, 1980). Ziehen die Befragten den "given-new contract" heran, um die vom Fragesteller gemeinten Merkmale zu identifizieren, dann sollten sie die distinkten Merkmale zur Urteilsgrundlage machen. Das heißt, die Befragten sollten annehmen, die beiden Fragen bezögen sich auf unterschiedliche Aspekte ihres Lebens und sollten diese Unterschiede bei der Bildung und der Kommunikation ihres Urteils betonen. Als Folge sollte sich unter dieser Bedingung die Korrelation der beiden Urteile verringern. Genau dies war die Vorhersage für Untersuchung 3, in der die Befragten Glück und Zufriedenheit mit ihrem Leben im allgemeinen zu berichten hatten und die Fragen in demselben Kommunikationskontext gestellt wurden oder nicht.

Teilnehmer am Experiment waren 40 Studenten der Universität Mannheim, die im Kontext einer anderen Untersuchung, wie in Abb. 10 dargestellt, befragt wurden.

Für die Hälfte der Versuchspersonen wurden die beiden Fragen in einen gemeinsamen Konversationskontext gestellt, der wie aus Abb. 11 ersichtlich, eingeführt wurde.

Die beiden ermittelten Korrelationen unterschieden sich deutlich. Wurden beide Fragen ohne die Herstellung eines Konversationskontextes gestellt, gab es eine hohe Korrelation ($r = .91$) zwischen Glücks- und Zufriedenheitsurteilen. Dieser Zusammenhang reduzierte sich jedoch drastisch ($r = .59$), $z = 2.47$, $p < .007$, wenn beide Fragen in einem gemeinsamen Konversationskontext dargestellt wurden. Wie in den zuvor berichteten Untersuchungen gibt es keine statistisch bedeutsamen Unterschiede in Mittelwerten oder Varianzen, die als Alternativerklärung herangezogen werden könnten. Die Ergebnisse rechtfertigen vielmehr die Schlußfolge-

Abb. 10: Formulierung der Fragen nach Glück und Zufriedenheit

Wie glücklich sind Sie mit Ihrem Leben als Ganzem?

unglücklich 1 2 3 4 5 6 7 8 9 10 11 glücklich

Alles in allem, wie zufrieden sind Sie mit Ihrem Leben?

unzufrieden 1 2 3 4 5 6 7 8 9 10 11 zufrieden

Abb. 11: Herstellung des Konversationskontextes

Die beiden folgenden Fragen beziehen sich auf zwei Aspekte ihres persönlichen Wohlbefindens:

a) das Lebensglück,

b) die Lebenszufriedenheit.

rung, daß der durch die Regeln der Kommunikation induzierte Subtraktionseffekt nicht nur zur Geltung kommt, wenn zwei Fragen in hierarchischer Beziehung zueinander stehen, sondern auch, wenn sich zwei Fragen auf ähnliche Inhalte beziehen.

Die drastisch reduzierte Korrelation zwischen den Antworten unter der Konversationskontext-Bedingung läßt vermuten, daß die Befragten Redundanz vermeiden wollten, indem sie sich bei der Beantwortung der beiden Fragen auf die distinktiven Aspekte konzentrierten. Diese Vermutung wurde in einer weiteren Untersuchung geprüft. In dieser Untersuchung wurde zunächst der korrelationsreduzierende Einfluß des Konversationskontexts bei der Erfassung von "Glück" und "Zufriedenheit" repliziert. Wurden beide Fragen ohne Herstellung eines Zusammenhangs im Fragebogen aneinandergefügt, so ergab sich ein korrelativer Zusammenhang von $r = .87$. Wurden beide Fragen nach der zuvor geschilderten Methode in einen gemeinsamen Konversationskontext gestellt, reduzierte sich der Zusammenhang auf $r = .67$. Der Unterschied zwischen den beiden Korrelationen war statistisch bedeutsam, $z = 1.63$, $p = .05$.

Zentrale Frage dieses Experiments war jedoch, ob die Differenzierung der Antworten lediglich in einer unterschiedlichen Verwendung der Antwortskala besteht oder ob tatsächlich unterschiedliche Informationen zur Urteilsbildung herangezogen werden. Um diese Frage zu beantworten, wurde die Stärke des Zusammenhangs zwischen den beiden Variablen "Glück" und "Zufriedenheit" mit der berichteten momentanen Stimmung in die Analyse einbezogen. Differenzieren die Befragten lediglich durch die unterschiedliche Verwendung der Antwortskala, sollte sich der Zusammenhang mit anderen relevanten Variablen nicht systematisch verändern. Bewirkt die Einführung des Konversationskontextes jedoch, daß unterschiedliche Informationen bei der Urteilsbildung herangezogen werden, dann sollte sich diese auf den Zusammenhang mit der berichteten Stimmung auswirken. Geht man davon aus, daß die

Beurteilung der eigenen Zufriedenheit in stärkerem Maße auf kognitiven Bewertungen der eigenen Lebenssituation und auf sozialen Vergleichen beruht (vgl. Andrews & McKennell, 1980), so wäre zu erwarten, daß Befragte, die bei vorgegebenem Konversationskontext zwischen "Glück" und "Zufriedenheit" differenzieren, ihr Zufriedenheitsurteil unter dieser Bedingung weniger auf die momentane Stimmung gründen. Genau dies war der Fall. Während zwischen "Zufriedenheit" und "momentane Stimmung" ohne Vorgabe des Konversationskontextes eine Korrelation von $r = .62$ beobachtet wurde, reduzierte sich der Zusammenhang bei Vorgabe des Konversationskontextes auf $r = .17$ ($z = 1.73$, $p < 0.05$). Zwischen "Glück" und "momentane Stimmung" ergab sich dagegen kein statistisch bedeutsamer Korrelationsunterschied in Abhängigkeit des Konversationskontextes.

Diese Ergebnisse sprechen dafür, daß die durch die Regeln der Konversation induzierte Differenzierung von Antworten nicht durch eine unterschiedliche Verwendung der Antwortskala zu erklären ist, sondern daß sich die Befragten bemühen, "informativ" zu sein, indem sie tatsächlich unterschiedliche Informationen zur Urteilsbildung heranziehen.

Diskussion. Die in diesem Kapitel geschilderten Ergebnisse machen deutlich, daß die *Kenntnis* der verfügbaren Informationen noch keine Vorhersagen auf die *Richtung* des Einflusses dieser Informationen zuläßt. Vielmehr ist es notwendig, die Determinanten und Voraussetzungen der unterschiedlichen Verwendung der aktivierten Information zu erforschen. Der Einfluß einiger Faktoren wurden in diesem Kapitel anhand von experimentellen Beispielen aufgezeigt. Gegenstand zukünftiger Forschung wird es sein, diese Einflüsse in ein theoretisches Modell einzubetten und daraus systematische Vorhersagen über die vorherrschenden Einflüsse unter den jeweiligen Randbedingungen zu treffen.

4.3.3 Die Formatierung der Antwort

Es ist ein Kennzeichen von standardisierten Befragungssituationen, daß Antworten in einem vom Fragesteller vorgegebenen Format abgegeben werden müssen. Das heißt, der Befragte kann nicht diejenigen Kategorien verwenden, die am ehesten seiner individuellen kognitiven Repräsentation des Urteils entsprechen, sondern muß seine Meinung in das jeweils vorgegebene Format übersetzen. So mag ein Befragter für den Bundeskanzler Kohl die Attribute "freundlich" und "nett" abgespeichert haben, muß aber in der konkreten Befragung eine Zahl von 1 bis 11 nennen, die der Sympathie entspricht, die der Befragte dem Objekt der Bewertung entgegenbringt.

Dabei mag es sich um kategoriale Antwortvorgaben, um Rangordnungsaufgaben, um numerische Antwortskalen, um Listenvorgaben oder um andere Formate handeln (für eine eingehendere Darstellung verschiedener Antwortformate, vgl. Sudman & Bradburn, 1982). In jedem Fall erfordert die Übersetzung der Antwort in das jeweilige Format eine kognitive Operation, die Kontexteinflüssen ausgesetzt ist. So haben wir gezeigt (vgl. N. Schwarz, H. J. Hippler, Deutsch, & Strack, 1985), wie aus einer vorgegebenen Antwortskala Schlußfolgerungen über die Verteilung eines Merkmals in der Population gezogen werden können, die dann die Antwort beeinflussen. Wir fanden, daß die Einschätzung der Häufigkeit des eigenen Fernsehkonsums von der vorgegebenen Häufigkeitsbreite auf der Antwortskala beeinflußt wird. Wurde eine Skala mit hohen Häufigkeiten vorgegeben, berichteten die Befragten einen höheren Fernsehkonsum, als wenn eine Antwortskala mit niedrigen Häufigkeiten vorgegeben war. Die Autoren vermuten, daß die Befragten vom Mittelpunkt der Antwortskala auf den Mittelwert der Häufigkeitsverteilung schließen und die eigene Position im Verhältnis zum Mittelwert einschätzen. Das heißt, die Befragten schließen aus ihrer relativen Position auf die mutmaßliche Häufigkeit ihres Verhaltens.

Diese Interpretation wird ebenfalls durch eine eigene Arbeit (vgl. Chassein, Strack, & N. Schwarz, 1987) unterstützt, in der neben der Variation der Skalenbreite die Art der Abspeicherung der Verhaltensinformation experimentell variiert wurde. Versuchspersonen wurden vor der Einschätzung der Häufigkeit ihres Fernsehkonsums entweder aufgefordert, sich an die Sendungen zu erinnern, die sie in der vergangenen Woche gesehen hatten, oder anzugeben, ob sie mehr oder weniger häufig fernsehen als ihre Freunde. In den Erinnerungsbedingungen wurde entweder ein Programmheft zur Verfügung gestellt (Rekognition Bedingung), oder die Versuchspersonen mußten sich ohne Hilfestellung an die Sendungen erinnern (Erinnerungsbedingung). Die Ergebnisse zeigen, daß der Einfluß der Antwortskala nur dann zu beobachten ist, wenn die Information über die Häufigkeit des eigenen Verhaltens "relational" abgespeichert ist. Das heißt, wenn die Versuchspersonen zuvor die Häufigkeit ihres eigenen Fernsehkonsums in bezug auf den ihrer Freunde eingeschätzt hatten, war die berichtete absolute Häufigkeit ihres Konsums von der manipulierten Skalenbreite beeinflußt. Dieses Ergebnis legt nahe, daß der Einfluß der Häufigkeitsbreite der Antwortskala tatsächlich durch die Orientierung der eigenen Position am vermuteten Verteilungsmittelwert, d.h. am Skalenmittelpunkt, vermittelt wurde.

Ein weiterer Einflußfaktor, der bei der Formatierung der Antwort zum Tragen kommt, ist die Verankerung der Urteilsskala. Verankerungseffekte wurden wiederholt in der Einstellungsmessung gezeigt (vgl. Ostrom & Upshaw, 1968). Vor allem im Rahmen der Perspektiventheorie von Ostrom und Upshaw (z.B. 1968) sowie in

Arbeiten von Wyer (vgl. z.B. Wyer, 1974) wurde angenommen, daß Befragte die Extremwerte der Antwortskala mit den extremen Werten derjenigen Stimuli in Einklang bringen, die sie in der Befragungssituation einzuschätzen haben. Aus diesem Grund wird die Auswahl eines Skalenwertes oder einer verbalen Beschreibung der Intensität einer Ausprägung durch den Befragten von der Breite der vorgegebenen Antwortskala bestimmt.

4.3.4 Die Äußerung der Antwort im sozialen Kontext

Befragungssituationen sind oft Bestandteil einer sozialen Interaktion zwischen Fragesteller und Befragtem. In Situationen dieser Art können beim Befragten Handlungsziele aktiviert werden, die mit dem Ziel in Konflikt stehen, die vom Fragesteller gewünschten Informationen zu liefern (vgl. Higgins, 1981). Vor allem das Ziel, einen guten Eindruck zu erwecken oder zumindest einen negativen Eindruck zu vermeiden, kann unter bestimmten Umständen die Äußerung einer Meinung beeinflussen (für komplexere Sichtweisen der Selbstdarstellung, vgl. Schlenker 1980; Mummendey & Bolten, 1985)

Im Gegensatz zu anderen Ansätzen, in denen das Bestreben des Befragten, sich "sozial erwünscht" zu verhalten, als *universelle* Determinante von Antworteffekten angesehen wird (vgl. Kap. 2.3.1), kommt es in der vorliegenden Sichtweise darauf an, die *speziellen* Bedingungen zu identifizieren, unter denen die entsprechenden Einflüsse zu erwarten sind. Auf der Grundlage von sozialpsychologischen Erkenntnissen (vgl. Baumeister, 1982) sind derartige Einflüsse am ehesten zu erwarten, wenn eine Antwort nicht anonym abgegeben wird, sondern dem Fragesteller gegenüber offen geäußert werden muß. Auf die Umfragesituation übertragen hieße dies, daß

Einflüsse "sozialer Erwünschtheit" eher in Interviewsituationen als in schriftlichen Befragungen auftreten, da der Befragte im ersten Fall eher eine negative Bewertung durch den Interviewer antizipiert und diese durch eine geeignete Korrektur der Antwort vermeiden will.

In der Regel werden negative Bewertungen von Aspekten der eigenen Person oder des eigenen Lebens als sozial unerwünscht angesehen. So folgt in Alltagsgesprächen auf die Frage "Wie geht es?" in der Regel die Antwort "gut" und nicht "schlecht". Dies gilt auch für Umfragesituationen, in denen Berichte über das subjektive Wohlbefinden typischerweise auf der positiven Seite der Antwortskala angesiedelt sind (vgl. Glatzer & Zapf, 1984). Interessanter ist jedoch, daß sich diese Tendenz in einem persönlichen Interview verstärkt. Über die Ergebnisse der einschlägigen Untersuchungen (vgl. LeVois, et al. 1981; Smith, 1979) wurde bereits berichtet (vgl. Kapitel 2.3).

Allerdings sind ebenfalls Situationen denkbar, in denen das Ziel, sich "sozial erwünscht" zu verhalten, eher negative Selbstbewertungen impliziert. So berichtet Schlenker (1980) von Befunden, die zeigen, daß Bescheidenheit ("modesty") unter bestimmten Randbedingungen ein Ziel der Selbstdarstellung sein kann. Was Selbstbewertungen betrifft, so besteht Grund zu der Vermutung, daß unter speziellen Umständen Befragte bei einer positiven Selbstbewertung eine negative Bewertung des Fragestellers erwartet. Dies sollte unter anderem dann der Fall sein, wenn der Befragte antizipiert, daß die eigene Antwort als Vergleichsstandard zur Selbstbewertung des Fragestellers dienen kann.

Andere Personen werden oft als Vergleichsstandard zur Selbstbewertung herangezogen, in dem Informationen über eine andere Person eingeholt werden, der es vergleichsweise schlechter geht. Diese als "downward comparison" (Wills, 1981) bezeichnete Strategie wurde vor allem bei der Bewältigung kritischer Lebensereignisse empirisch untersucht (z.B. Wood, Taylor, & Lichtman, 1985). Die Lenkung der Aufmerksamkeit auf das Schicksal anderer, denen es noch schlechter geht, wurde als wirksame Bewältigungsstrategie bestätigt (vgl. Taylor, Wood, & Lichtman, 1983).

Während dieser Mechanismus die zugrundeliegenden Urteilsprozesse und die positiven Konsequenzen für die Selbstbewertung zutreffend beschreibt, steht die Äußerung entsprechender Urteile in Anwesenheit der Vergleichsperson im Gegensatz zum Handlungsziel, der Norm der "sozialen Erwünschtheit" zu entsprechen. Zunächst ist es sozial unerwünscht, aus dem Leiden anderer Nutzen zu ziehen. Schadenfreude wird negativ bewertet. Die positiv bewertete Reaktion ist Mitgefühl und Mitleid und mit negativen Emotionen verbunden, die das Individuum, z.B. durch Hilfeleistung, zu verändern trachtet (vgl. Cialdini et al., 1987).

Diese Normen haben wichtige Funktionen für soziales Handeln. In erster Linie schützen sie eine Person in einer beklagenswerten Situation vor negativen Gefühlen. Wenn sich eine Person angesichts des Schicksals eines anderen sichtbar besser fühlt, so mag dies für den Benachteiligten den umgekehrten Effekt nach sich ziehen: der positive Vergleichsstandard führt zu einer noch negativeren Selbstbewertung. Darüber hinaus kann die Gefühlslage einer leidenden Person durch die Kommunikation mit einer Person in einer ähnlichen Situation verbessert werden (z.B. Lehman, Ellard, & Wortman, 1986).

Diese sozialen Implikationen der Beurteilung des eigenen Wohlbefindens sollten dann ins Spiel kommen, wenn die Urteile offen geäußert werden. Wenn der andere, der sich in einer beklagenswerten Situation befindet, ein potentieller Empfänger der Botschaft ist, sollte die Äußerung der Selbstbewertung durch die entsprechende soziale Norm beeinflußt werden. Daher sollte die Verfügbarkeit von Informationen über eine Person, der es vergleichsweise schlechter geht, nur dann zu Kontrasteffekten führen, wenn sichergestellt ist, daß die benachteiligte Person keinen Zugang zu dem Urteil hat. Wenn das Urteil jedoch offen geäußert wird, sollte die Einhaltung der sozialen Norm bewirken, daß sich die Urteilsperson vergleichsweise negativer beschreibt.

Das Ziel, sich sozial erwünscht zu verhalten, sollte sich jedoch umgekehrt auf die Äußerung von Selbstbewertungen auswirken, wenn es dem Empfänger der Kommunikation nicht sichtbar schlechter geht als dem Kommunikator. Unter solchen "normalen" Umständen sind öffentliche Äußerungen oft in eine positive Richtung verzerrt, und negative Selbstbewertungen entsprechen nicht dem Ziel der Selbstdarstellung. Diese Tendenz spiegelt sich nicht nur in den Reaktionen auf ritualisierte Erkundigungen nach dem Wohlbefinden ("Wie geht es Ihnen?" "Danke, gut.") wider, sondern auch in den bereits berichteten empirischen Befunden aus der Umfrageforschung, die darüber hinaus zeigen, daß diese Einflüsse bei öffentlicher Antwortabgabe verstärkt auftreten (z.B. Smith, 1979; LeVois et al., 1981).

Für dieses Phänomen gibt es mehrere Ursachen. Zum einen erfordern bestimmte Ziele der Selbstdarstellung, daß eine Selbstbeschreibung positiv oder zumindest nicht deviant negativ ist (vgl. Schlenker, 1980). Zum zweiten sind negative Gefühle von intimerer Art als positive Gefühle und werden daher einem Fremden gegenüber seltener offenbart (vgl. Archer, Hormuth, & Berg, 1982). Schließlich verlangen negative Selbstbeschreibungen vom Empfänger der Kommunikation normalerweise eine empathische Reaktion, die einem Fremden gegenüber als unangemessene Zumutung betrachtet werden kann (vgl. Reisman & Yamakowski, 1974).

Aus diesen Überlegungen ergibt sich die Erwartung einer Wechselwirkung zwischen der relativen Position der Vergleichsperson auf der Antwortskala und der Art der Urteilsabgabe. Ist der Interaktionspartner in einer deutlich schlechteren Lage als der Befragte, dann sollte bei einer anonymen Urteilsabgabe ein Kontrasteffekt erwartet werden (vgl. Strack, N. Schwarz, Chassein, Kern, & Wagner, 1990; Expt. 1), der jedoch bei einer öffentlichen Urteilsabgabe korrigiert werden sollte. Ist der Interaktionspartner dagegen nicht in einer merklich schlechteren Situation, sollte bei anonymer Urteilsabgabe kein Kontrasteffekt auftreten, während bei öffentlicher Urteilsabgabe eine positivere Antwort resultieren sollte.

Diese Überlegungen haben wir in einem Experiment (vgl. Strack et al., 1990, Expt. 2) geprüft, in dem in einer Teilbedingung ein körperbehinderter Interaktionspartner anwesend war und Urteile des subjektiven Wohlbefindens entweder in einer mündlichen Befragung oder in einem anonymen Fragebogen erfaßt wurden.

Methode. Studenten der Universität Mannheim wurden für eine Untersuchung angeworben, in der es unter anderem um die Konstruktion eines Fragebogens zum subjektiven Wohlbefinden gehen sollte. Als die Versuchspersonen den Experimentalraum betraten, trafen sie eine weitere "Versuchsperson", bei der es sich jedoch um einen Mitarbeiter des Versuchsleiters handelte. In der Hälfte der Bedingungen war der Strohmann schwer körperbehindert und saß in einem elektrischen Rollstuhl. Kurz nachdem sich die Versuchsperson neben den Strohmann gesetzt hatte, fiel ein Bleistift zu Boden, und der körperbehinderte Mitarbeiter des Versuchsleiters bat die Versuchsperson, den Bleisift aufzuheben. Damit sollte die Aufmersamkeit der Versuchsperson auf die Körperbehinderung des Strohmannes verstärkt werden. In den anderen Bedingungen war der Strohmann nicht behindert.

Bei anonymer Urteilsabgabe war der Strohmann bereits dabei, den Fragebogen auszufüllen, den die Versuchsperson zu beantworten hatte. Bei öffentlicher Urteilsabgabe erklärte der Versuchsleiter, die Interviews würden, um systematische Einflüsse zu vermeiden, von den Versuchspersonen selbst durchgeführt. Die Reihenfolge würde dabei vom Los bestimmt. Dabei war jedoch sichergestellt, daß die tatsächliche Versuchsperson zuerst vom Strohmann befragt wurde.

Um ihr allgemeines Wohlbefinden einzuschätzen, hatten die Versuchspersonen auf einer 7-Punkte Skala anzugeben, wie glücklich und wie zufrieden sie mit ihrem Leben im allgemeinen seien. In den "anonym"-Bedingungen mußten die jeweiligen Werte auf der Antwortskala angekreuzt werden. Bei der öffentlichen Antwortabgabe hatte die Versuchsperson die entsprechende Zahl vorzulesen, und der Interviewer notierte die Zahl auf einem Antwortblatt. Da beide Maße des subjektiven Wohlbefinden hoch korreliert waren, wurde ein gemeinsamer Index gebildet, über dessen Ausprägung im nächsten Abschnitt berichtet wird.

Ergebnisse. Die 2 X 2 faktorielle Varianzanalyse ergab einen Haupteffekt für die "Art der Befragung", der das konventionelle Kriterium der Irrtumswahrscheinlichkeit knapp verfehlte, $F(1,29) = 3.89\ p < .06$ und eine marginal signifikante Wechselwirkung zwischen den beiden Faktoren, $F(1,29) = 3.27, p < .09$.

Um den Einfluß der augenfälligen Vergleichsinformation abzuschätzen, wurden die Urteile unter den "anonym"-Bedingungen verglichen. Wie aus Tabelle 7 hervorgeht, berichteten die Versuchspersonen, mit ihrem Leben zufriedener zu sein, wenn der Strohmann körperbehindert war, als wenn er dies nicht war, $t(29) = 1.97, p < .06$. Somit stellen die Ergebnisse eine konzeptuelle Replikation unserer Ergebnisse (vgl. Strack et al., 1990; Expt.1) dar, in der die Augenfälligkeit der negativen Vergleichs-

Tabelle 7: Urteile des subjektiven Wohlbefindens
(kombinierte Ratings von "Glück" und "Zufriedenheit")

Art der Befragung	Strohmann	
	behindert	nicht behindert
Interview (öffentlich)	4.7	5.0
Fragebogen (anonym)	4.6	3.6

information zu einem Kontrasteffekt bei Zufriedenheitsurteilen geführt hat. Dieser Kontrasteffekt war jedoch eliminiert, wenn die Urteile offen abgegeben werden mußten. Unter den Interview-Bedingungen waren die Urteile von dem Merkmal "Behinderung des Interviewers" völlig unbeeinflußt, $t < 1$.

Um den Einfluß der normgesteuerten Selbstdarstellung zu untersuchen, wurden die Urteile zwischen den beiden Befragungsarten verglichen. Erwartungsgemäß äußerten die Versuchspersonen in Anwesenheit der anonymen Beantwortung des Fragebogens, $t(29) = 2.67$, $p < .02$. Dieses Ergebnis replizierte frühere Befunde aus der Umfrageforschung (z.B. Smith, 1979). Selbstbewertungen dagegen, die in Anwesenheit des behinderten Strohmanns abgegeben wurden, unterschieden sich nicht in Abhängigkeit der Befragungsmethode, $t < 1$. Unter diesen Bedingungen war weder eine positive Selbstdarstellung zu beobachten noch ein Befolgen der Norm, sich als weniger glücklich und zufrieden darzustellen.

Zusammengenommen lassen diese Ergebnisse vermuten, daß Kontrasteffekte auftreten, wenn Urteile über das eigene Wohlbefinden anonym berichtet werden. Die Ergebnisse legen darüber hinaus nahe, daß eine positive Selbstdarstellung in Form eines offenen Berichts nur dann zu beobachten ist, wenn die Beurteilung des Wohlbefindens gegenüber einer anderen Person erfolgt, die sich nicht in einer sichtbar schlechteren Situation befindet, als der Beurteiler selbst. Wenn dies dagegen der Fall ist, wird die positive Selbstdarstellung unterdrückt.

Diskussion. Diese Ergebnisse zeigen, daß motivationalen Einflüssen in der Befragungssituation unter bestimmten Randbedingungen eine wichtige Rolle bei der Urteilsabgabe zukommt. Wann immer eine Antwort einer anderen Person gegenüber in offener Form abgegeben wird, gewinnt die Norm der sozialen Erwünschtheit an Bedeutung. Natürlich sollte diese Norm in derartigen Situationen vor allem dann zum Tragen kommen, wenn aus den Antworten eine Bewertung des Befragten möglich ist. Dies ist einmal bei Fragen der Fall, die eine Bewertung von Aspekten der Person durch den Befragten selbst beinhalten, wie z.B. die Beurteilung des eigenen Wohlbefindens. Dieser Effekt sollte darüber hinaus auftreten, wenn Informationen abgerufen werden, die Bewertungen ermöglichen. Entsprechende Fragen können sich beispielsweise auf den Intimbereich beziehen, für den statistische und Verhaltensnormen oft im Widerspruch stehen.

Es soll jedoch erneut betont werden, daß in der vorliegenden Perspektive motivationale Einflüsse, sich sozial erwünscht zu verhalten, keineswegs als zentrale oder gar einzige Quelle von Antworteffekten verstanden werden. Die zuvor berichteten Untersuchungen machen deutlich, daß Mechanismen der Informationsverarbeitung in weit stärkerem Maße und in differenzierterer Weise Einflüsse des Fragekontextes verständlich machen können, als dies Ansätze vermögen, deren Aufmerksamkeit allein auf die Motivation des Befragten gerichtet ist.

5. SCHLUßDISKUSSION

Zu Beginn der vorliegenden Arbeit wurde die Befragung als genuine sozialwissenschaftliche Methode der Beobachtungsmethode gegenübergestellt. Aus der Sicht der sozialwissenschaftlichen Theorie der Befragung wird dieser der Vorteil zugesprochen, per Introspektion einen unmittelbaren Zugang zur tatsächlichen Ausprägung des interessierenden Merkmals, zum "wahren Wert" zu ermöglichen, vorausgesetzt, der Befragte ist motiviert, diesen Wert mitzuteilen.

Wie ausgeführt, wurde diese Auffassung in den letzten Jahren jedoch mit Forschungsergebnissen konfrontiert, die zu den genannten Grundannahmen im Widerspruch stehen. So hat die Erforschung der Antworteffekte gezeigt, daß scheinbar unbedeutende Aspekte der Fragevorgabe die Antwort beeinflussen können. Vor allem Einflüsse, die mit der Frage selbst nichts zu tun haben, sondern vom Kontext ausgehen, der durch die vorangehende Frage oder durch die Antwortskala konstituiert wird, sind mit einer Auffassung schwer vereinbar, in der die Antwort als der von einem inneren Meßinstrument zutreffend abgelesene Wert gilt.

Allerdings, so die weitere Argumentation der vorliegenden Arbeit, entbehre diese Forschungsrichtung einer theoretischen Fundierung, die es erlaubt, die konkrete experimentelle Variation als die Realisierung einer theoretischen Variablen zu betrachten. Das behavioristische Paradigma, demzufolge eine Erklärung auf der

Stimulus-Response-Ebene angesiedelt sein muß und keine Annahmen über mentale Prozesse beinhalten darf, ist zum besseren Verständnis von Antworteffekten wenig hilfreich, da der Einfluß der im Experiment variierten Oberflächenmerkmale (Reihenfolge der Fragen, Antwortskala, etc.) nur dann für unterschiedliche Inhaltsbereiche verstanden werden kann, wenn die vermittelnden Prozesse hinreichend erforscht sind. Somit wurde zu einem tieferen Verständnis der beobachteten Effekte ein theoretischer Rahmen benötigt, der erklärt, was die unterschiedlichen Merkmale der Frage *im Individuum* bewirken.

Dabei wurde die Position vertreten, daß der Social Cognition Ansatz eine solche Möglichkeit bietet, die in den anschließenden Kapiteln an einem Modell der Fragebeantwortung konkretisiert wurde. Die Ergebnisse der experimentellen Prüfung der in diesem Modell enthaltenen Annahmen rechtfertigen die Schlußfolgerung, daß die Analyse der kognitiven und sozialen Prozesse, die mit der Interpretation der Frage beginnen und mit der Antwortabgabe enden, ein besseres, theoretisch fundierteres Verständnis von Kontexteinflüssen in standardisierten Befragungssituationen ermöglicht.

Über das Verständnis der Prozesse hinaus stellt sich jedoch die Frage nach den möglichen Konsequenzen, die sich aus den Ergebnissen und den dadurch gestützten theoretischen Annahmen für standardisierte Befragungen als Instrument der empirischen Sozialforschung entstehen. Diese sollen im folgenden diskutiert werden.

5.1 Die unmittelbare Zugänglichkeit des "wahren Wertes" und die Idee des Fehlers

Zunächst muß die Frage nach dem "wahren Wert" und seiner unmittelbaren Zugänglichkeit neu gestellt werden. Ist es auf der Grundlage der vorliegenden Ergebnisse gerechtfertigt, weiterhin davon auszugehen, der Befragte verfüge über einen unmittelbaren Zugang zur tatsächlichen Ausprägung eines subjektiven Merkmals? Diese Frage kann sicherlich nicht mit "ja" beantwortet werden. Was aber bedeutet es, die Frage zu verneinen? Zwei Möglichkeiten sind denkbar. Zum einen die Annahme, daß der "wahre Wert" zwar existiert, dem Individuum aber nicht zugänglich ist. Zum anderen wäre es möglich, daß die Idee eines kontextunabhängigen "wahren Wertes" für *subjektive Phänomene* eine problematische Annahme darstellt.

In einem theoretischen Ansatz, der davon ausgeht, daß die Beantwortung von Fragen psychologische Prozesse der Informationsverarbeitung erfordert, die keineswegs zufallsgesteuert sind, sondern Gesetzmäßigkeiten unterliegen, ist jede Antwort, die nicht wider besseres Wissen erfolgt, als tatsächliche Ausprägung des subjektiven Merkmals zu betrachten. In dieser Perspektive entspricht die Antwort unter der einen Reihenfolgebedingung genauso dem "wahren Wert", wie die Antwort unter einer anderen Reihenfolgebedingung. Insofern ist es schwierig, über allgemeine Ratschläge zur Klarheit und Verständlichkeit bei der Frageformulierung hinaus praktische Konsequenzen abzuleiten, die eine von Kontexteinflüssen unabhängige Fragebeantwortung gewährleisten. Sicherlich mag man auf Grund der gewonnenen Kenntnisse *bestimmte* Einflüsse eliminieren. Das heißt jedoch nicht, daß *sämtliche* Einflußfaktoren aus dem Fragekontext ausgeschaltet werden könnten. Im Gegenteil: Die vorliegenden Ergebnisse machen deutlich, daß sich die Beantwortung von Fragen gerade dadurch auszeichnet, daß sie unter Beeinflussung durch den jeweiligen kognitiven und kommunikativen Kontext erfolgt. Mehr noch: Dieser Kontext ist notwendig für eine erfolgreiche Kooperation zwischen Fragesteller und Befragten.

Aus diesem Grund ist es unter der Perspektive der Informationsverarbeitung problematisch, Antworteffekte als Fehler oder als Artefakte zu behandeln. Daß in Befragungen Einflüsse dieser Art verborgen bleiben, heißt nicht, daß sie nicht wirksam wären und von daher kein *praktisches* Problem darstellten. Denn nur durch die experimentelle Variation der entsprechenden Determinanten tritt ihr Einfluß zutage.

Daraus folgt jedoch nicht, daß der in der Befragungssituation konstituierte Kontext sämtliche antwortrelevanten Determinanten enthält. Mit Recht mag man auf Ergebnisse verweisen, die beispielsweise eine Übereinstimmung von Einstellungen zeigen, die in unterschiedlichen Befragungen festgestellt wurden. So mag die Politik des derzeitigen Bundeskanzlers zu bestimmten Phasen der Regierungszeit konsistent positiver eingeschätzt werden als zu anderen Perioden. Dies ist aus der Sichtweise des hier vertretenen Modells keineswegs ausgeschlossen, da die Antwort eines Befragten, der bereits eine Meinung abgespeichert hat, weniger Einflüssen des Fragekontextes ausgesetzt ist als die Antwort eines Befragten, der sich sein Urteil erst noch bilden muß.

Aber auch die Stabilität der Antworten aus der letztgenannten Gruppe kann sich erhöhen, wenn bestimmte Informationen durch den sozialen und politischen Kontext eine erhöhte Verfügbarkeit erhalten. Dabei kommt den Medien eine wichtige Bedeutung zu. Steht beispielsweise die Wirtschaftspolitik über längere Zeit hinweg im Vordergrund der Berichterstattung, so werden entsprechende Informationen bei der Bewertung der Regierung im allgemeinen verfügbarer sein und das Urteil bestimmen (vgl. Iyengar, Kinder, Peters, & Krosnick, 1984).

Dies ist kein Plädoyer gegen die Idee eines "wahren Wertes" im allgemeinen. Die Kritik richtet sich lediglich gegen das Konzept eines kontextunabhängigen "wahren Wertes" für subjektive Merkmale, die per definitionem dem Befragten unmittelbar zugänglich sind. Verzichtet man auf eines dieser Bestimmungsstücke, so läßt sich die Idee des "wahren Wertes" weiterhin vertreten. Ohne die Kontextunabhängigkeit wäre *jede* wahrheitsgemäße Antwort als "wahrer Wert" zu betrachten. Natürlich wäre bei der geringen Trennschärfe wenig gewonnen.

Die zweite Möglichkeit besteht darin, auf die unmittelbare Zugänglichkeit des "wahren Wertes" als Bestimmungsstück zu verzichten. Das hieße, das Merkmal nicht mehr als "subjektiv", sondern als "objektiv" zu betrachten. In dieser Sichtweise wären Außenkriterien zur Validierung eines Merkmals heranzuziehen. In Analogie zur psychometrischen Messung würde zwar die Erfassung des "wahren Wertes" nie sichergestellt, jedoch hätte man bei Anerkennung bestimmter Kriterien einen Hinweis auf die relative Nähe oder Ferne zum Idealwert. So könnte ein hoher Zusammenhang zwischen zwei Ausprägungen eines durch zwei Meßinstrumente auf unterschiedliche Weise gemessenen Merkmals als Hinweis auf die Nähe zum "wahren Wert" betrachtet werden. Auch die zeitliche Stabilität kann, wie andere Reliabilitätsmaße, für bestimmte Merkmale als Kriterium gelten. Wichtig ist dabei jedoch, daß es sich hier um eine theoriegeleitete *Beobachtung* handelt. Der Befragte reagiert auf den vorgegebenen Stimulus, d.h. die Frage und die Antwort wird interpretiert bzw. entsprechend ihrer theoretischen Bedeutung kodiert.

5.2 Die Not und die Tugend der Kontextabhängigkeit: Interpretation von Aggregatdaten und experimentelle Prüfung von Zusammenhängen

Erkennt man die Kontextabhängigkeit der Antworten an, so ergeben sich einige Konsequenzen für die Interpretation von Aggregatdaten. So wäre das Ergebnis einer repräsentativen Umfrage, nach der beispielsweise 50 % der Bevölkerung die Politik des gegenwärtigen Bundeskanzlers befürworten, nicht als ein Merkmal zu verstehen, das bei jedem zweiten Bundesbürger unter allen Umständen aufzufinden ist, sondern zunächst einmal als die Verteilung von Antworten von Angehörigen einer Stichprobe auf eine bestimmte Frage zu einem bestimmten Zeitpunkt in einem bestimmten Kontext nach den geschilderten Prinzipien der Informationsverarbeitung. Sicherlich sind einige Kontexteinflüsse nach Zufallsprinzipien über die Befragten verteilt, andere Kontexteinflüsse sind jedoch für alle Befragten in gleicher Weise vorhanden.

Ob andere Personen unter anderen Kontextbedingungen eine ähnliche Einschätzung berichten, ist eine offene Frage. Auf jeden Fall rechtfertigen die berichteten Ergebnisse einige Zweifel. Diese Zweifel werden oft bestärkt, wenn Ergebnisse von repräsentativen Befragungen an konkretem Verhalten validiert werden. Dies ist zum Beispiel durch einen Vergleich der erfragten Wahlabsicht mit dem tatsächlichen Wahlverhalten möglich. Bei solchen Vergleichen zeigt sich jedoch, daß der Wert der repräsentativen Wahlprognose kaum über das Alltagswissen hinausgeht (vgl. Bisson & Rehm, 1988) und daß die erste, wenig repräsentative Hochrechnung näher am Endergebnis liegt als die repräsentative Absichtserhebung, selbst wenn diese nur wenige Tage vor dem Wahltermin durchgeführt wurde.

Noch einmal soll betont werden, daß es sich aus der Perspektive der Informationsverarbeitung bei Befragungsergebnissen keineswegs um Fehler, Artefakte oder

Zufallsergebnisse handelt, die mit dem Verhalten in keinerlei Beziehung stehen. Die Antworten beruhen auf den Informationen und Bewertungen, die zum Befragungszeitpunkt verfügbar waren. Und sofern diese Informationen zum Zeitpunkt des Verhaltens oder der endgültigen Verhaltensentscheidung verfügbar sind, entsteht Übereinstimmung zwischen Meinung und Verhalten (vgl. Fazio, 1986). Unsere zuvor dargestellte Arbeit zum Einfluß des "Radikalenerlasses" auf das politische Engagement (N. Schwarz & Strack, 1981; Strack et al., 1983) ist ein weiteres Beispiel dafür. Nur wenn die Aufmerksamkeit der tatsächlich Betroffenen durch die vorherige Informationsaktivierung auf die möglichen Implikationen ihres Handelns gerichtet wurde, wurde das Verhalten durch die politische Maßnahme beeinflußt.

Aus dieser vermeintlichen Not wird eine methodologische Tugend, wenn man Kontexteinflüsse nicht länger als "Störvariable" betrachtet, sondern als Möglichkeit, den kausalen Einfluß von theoretisch relevanten Variablen auf die politische Urteilsbildung und das politische Verhalten zu überprüfen. Auf die Vorteile des Quasi-Experiments als kausalanalytische Methode der Umfrageforschung hat bereits Irle (1983) hingewiesen. Die Erkenntnisse der Social Cognition Forschung erlauben darüber hinaus, die Methode des Experiments und damit die kontrollierte Bedingungsvariation und die zufällige Zuordnung der Untersuchungssubjekte zu den Experimentalbedingungen für die empirische Prüfung von Kausalzusammenhängen zu realisieren.

Am Beispiel unserer Untersuchung zum Einfluß des "Radikalenerlasses" auf das politische Verhalten (vgl. N. Schwarz & Strack, 1981; Strack et al., 1983) lassen sich diese methodologischen Überlegungen verdeutlichen. So wäre es möglich gewesen, statt eines Experiments eine Befragung durchzuführen und statt der Beobachtung des bedingungsabhängigen Verhaltens eine Erhebung zur Bereitschaft zum politischen Engagement durchzuführen. Wählt man die zweite Methode, dann erscheinen Kontextfaktoren als irrelevante Störeinflüsse, die unkontrollierte Fehlervarianz erzeugen. Trifft die in dieser Arbeit vorgelegte Analyse der kognitiven Prozesse bei der Beantwortung von Fragen zu, dann wird derjenige Befragte, für den bei der Urteilsbildung Informationen über berufliche Konsequenzen verfügbar und relevant sind, zu einer anderen Einschätzung der eigenen Bereitschaft zum Engagement gelangen, als ein Befragter, der über derartige Inhalte nicht nachgedacht hat. Die daraus entstehende Variation verursacht in der Perspektive der Standardtheorie Probleme bei der Interpretation des Ergebnisses. In der experimentellen Perspektive ist dagegen die Aktivierung von Gedankeninhalten keineswegs ein Einfluß, der das Ergebnis verfälscht, sondern die Möglichkeit, einen psychologischen Teilprozeß bei der Verhaltensentscheidung kontrolliert zu variieren und so den kausalen Einfluß einer politischen Maßnahme auf die Urteilsbildung und das Verhalten zu prüfen.

In ähnlicher Weise ließen sich Hypothesen zum Einfluß spezieller Politikbereiche auf die allgemeine Bewertung einer Politik überprüfen. Statt nach der allgemeinen Einschätzung der "Politik der derzeitigen Bundesregierung" zu fragen und die spezielle Informationsbasis dieser Einschätzung unkontrollierten Kontexteinflüssen zu überlassen, ließe sich mit Hilfe von Informationsaktivierung durch vorangestellte Fragen (vgl. Strack et al., 1988) oder durch mediengesteuerte Aufmerksamkeitslenkung (vgl. Iyengar et al., 1984) der Einfluß der Bewertung spezieller Politikbereiche experimentell kontrollieren und so in seinem kausalen Einfluß bestimmen.

Allerdings beinhaltet die Anwendung der auf der Beeinflussung kognitiver Prozesse basierenden experimentellen Methode in der Umfrageforschung zwei Voraussetzungen, die im Gegensatz zur vorherrschenden Sichtweise stehen. Zum ersten ändert sich das Ziel der Forschungsaktivität. Das Experiment kann nicht die Verteilung eines Merkmals oder die Kovariation von mehreren Merkmalen in einer Population beschreiben. Im Experiment können jedoch Kausalzusammenhänge zwischen Variablen überprüft werden. Dies setzt voraus, daß eine Theorie existiert, die überprüfbare Kausalzusammenhänge zwischen Variablen postuliert. Zum zweiten beinhaltet die Anwendung des auf der Beeinflussung kognitiver Prozesse basierenden Experiments in der Umfrageforschung eine Veränderung des Verständnisses der sozialwissenschaftlichen Datenerhebung. In der diskutierten experimentellen Perspektive ist die Antwort auf eine Frage nicht länger der mit einer Validitätsgarantie ausgestattete Bericht über ein subjektives Merkmal, sondern lediglich ein unter kontrollierten Bedingungen beobachtetes Verhalten, das der theoretischen Interpretation bedarf. Interpretationsgrundlage ist dabei das Modell, das der Forscher heranzieht, um das Zustandekommen der Antwort zu erklären, in der vorliegenden Arbeit das auf den Erkenntnissen der Social Cognition Forschung basierende Prozeßmodell der Fragebeantwortung in standardisierten Befragungssituationen.

Somit ergeben sich aus dem vorliegenden Ansatz, der zur Erklärung von bereits bekannten Antworteffekten entwickelt wurde, methodologische und wissenschaftstheoretische Konsequenzen, die eine grundlegende Veränderung der Orientierung eines Teils der Sozialwissenschaften implizieren. Eine solche Neuorientierung zu fordern, war nicht das Ziel dieser Arbeit. Ziel war es vielmehr, einige empirisch fundierte Überlegungen vorzustellen und über den Umweg eines besseren Verständnisses der psychologischen Prozesse in standardisierten Befragungssituationen zur Diskussion der Befragung als Methode der Sozialwissenschaften beizutragen.

LITERATUR

Achen, C. H. (1975). Mass political attitudes and the survey response. *American Political Science Review, 69*, 1218-1231.

Andrews, F. M., & McKennell, A. C. (1980). Measures of self-reported well-being. Their affective, cognitive, and other components. *Social Indicators Research, 8*, 127-155.

Archer, R.L., Hormuth, S., & Berg, J.H. (1982). Avoidance of selfdisclosure: An experiment under conditions of self-awareness. *Personality and Social Psychology Bulletin, 8*, 122-128.

Asch, S.E. (1948). The doctrine of suggestion, prestige and imitation in social psychology. *Psychological Review, 55*, 250-276.

Atteslander, P., & Kneubühler, H.U. (1975). *Verzerrungen im Interview*. Opladen.

Austin, J. L. (1962). *How to do things with words*. Oxford: Oxford University Press.

Bargh, J. A. (1984). Automatic and conscious processing of social information. In R. S. Wyer, Jr. & T. S. Srull (Eds.), *Handbook of Social Cognition*, Vol. 3 (pp. 1-43). Hillsdale, N.J.: Erlbaum.

Bargh, J. A., & Pietromonaco, P. (1982). Automatic information processing and social perception: The influence of trait information presented outside of conscious awareness on impression formation. *Journal of Personality and Social Psychology, 43*, 437-449.

Bartlett, F. C. (1932). *Remembering: A study in experimental and social psychology*. Cambridge: University Press.

Baumeister, R.F. (1982). A self-presentational view of social phenomena. *Psychological Bulletin , 91*, 3-26.

Bem, D. J. (1967). Self-perception: An alternative interpretation of cognitive dissonance phenomena. *Psychological Review, 74*, 183-200.

Bishop, G. F., Oldendick, R. W., & Tuchfarber, A. J. (1983). Effects of filter questions in public opinion surveys. *Public Opinion Quarterly, 47*, 528-546.

Bishop, G.F., Oldendick, R.W., Tuchfarber, A.J., & Bennett, S.E. (1980). Pseudo--opinions on public affairs. *Public Opinion Quarterly, 44*, 198-209.

Bishop, G. F., Tuchfarber, A. J., & Oldendick, R. W. (1986). Opinions on fictitious issues: The pressure to answer survey questions. *Public Opinion Quarterly, 50*, 240-250.

Bisson, S., & Rehm, J. (1988). *Sind Experten bessere Wahlprognostiker?* Vortrag auf der 30. Tagung experimentell arbeitender Psychologen. Marburg.

Blair, E., Sudman, S., Bradburn, N.M., & Stocking, C.B. (1977). How to ask questions about drinking and sex: Response effects in measuring consumer behaviour. *Journal of Marketing Research, 14*, 316-321.

Bodenhausen, G. V., & Wyer, R. S. (1987). Social cognition and social reality: Information acquisition and use in the laboratory and the real world. In H. J. Hippler, N. Schwarz, & S. Sudman (Eds.), *Social Information Processing and Survey Methodology* (pp. 6-41). New York: Springer-Verlag.

Bradburn, N. (1983). Response effects. In P. H. Rossi, J. D. Wright & A. B. Anderson (Eds.), *Handbook of survey research* (pp. 289-328). New York: Academic Press.

Bradburn, N., & Mason, W. M. (1964). The effect of question order on responses. *Journal of Marketing Research, 1*, 57-61.

Bransford, J. D. (1979). *Human cognition: Learning, understanding, and remembering*. Belmont, CA: Wadsworth.

Bransford, J. D., & Johnson, M. K. (1972). Contextual prerequisites for understanding: Some investigations of comprehension and recall. *Journal of Verbal Learning and Verbal Behavior, 11*, 717-726.

Bruner, J. S. (1957). Going beyond the information given. In H. Gruber et al. (Ed.), *Contemporary approaches to cognition*. Cambridge, Mass.: Harvard University Press.

Bruner, J. S., & Goodman, C. D. (1947). Value and need as organizing factors in perception. *Journal of Abnormal and Social Psychology, 42*, 33-44.

Bruner, J. S., Postman, L., & Rodrigues, J. (1951). Expectation and perception of color. *American Journal of Psychology, 64*, 216-227.

Bühler, K. (1934). *Sprachtheorie*. Jena: Fischer.

Butler, R. N. (1963). The life review: An interpretation of reminiscence in the aged. *Psychiatry, 26*, 65-76.

Campbell, A. (1976). Subjective measures of well-being. *American Psychologist, 31*, 117-124.

Campbell, A. (1981). *The sense of well-being in America*. New York: Russell Sage.

Cantril, H. (1944). *Gauging public opinion*. Princeton, NJ: Princeton University Press.

Carlston, D. E. (1980). The recall and use of traits and events in social inference processes. *Journal of Experimental Social Psychology, 16*, 303-328.

Chassein, B., Strack, F., & Schwarz, N. (1987). *Erinnerungsstrategie und Häufigkeitsskala: Zum unterschiedlichen Einfluß von relationaler und episodischer Erinnerung auf das Häufigkeitsurteil*. 29. Tagung experimentell arbeitender Psychologen, Aachen.

Cialdini, R. B., Schaller, M., Houlihan, D., Arps, K., Fultz, J., & Beaman, A. L. (1987). Empathy-based helping: Is it selflessly or selfishly motivated. *Journal of Personality and Social Psychology, 52*, 749-758.

Clark, H. H. (1985). Language use and language users. In G. Lindzey & E.

Aronson (Eds.), *Handbook of social psychology* (Vol. 2, pp. 179-232). New York: Random House.

Clark, H. H., & Haviland, S. E. (1977). Comprehension and the given-new contract. In R.O. Freedle (Ed.), *Discourse production and comprehension*. Norwood, NJ: Ablex.

Clark, H. H., & Wilkes-Gibbs, D. (1986). Referring as a collaborative process. *Cognition, 22*, 1-39.

Coleman, P. (1986). The past in the present. A study of elderly peoples' attitudes to reminiscence. *Journal of the Oral History, 14*, 50-59.

Converse, P. E. (1970). Attitudes and non-attitudes: Continuation of a dialogue. In E.R. Tufte (Ed.), *The Quantitative Analysis of Social Problems* (pp. 168-189). Reading, Mass: Addison-Wesley.

Crowne, D., & Marlow, D. (1964). *The Approval Motive*. New York: Wiley.

Davis, J. A. (1976). Are surveys any good, and if so, for what? In H.W. Sinaiko & L.A. Broedling (Eds.), *Perspectives on Attitude Assessment: Surveys and Their Alternatives*. Champaign, Ill.: Pendleton.

DeMaio, T. J. (1984). Social desirability and survey measurement: A review. In C. F. Turner & E. Martin (Eds.), *Surveying Subjective Phenomena* (Vol. 2, pp. 257-282). New York: Russell Sage Foundation.

Dermer, M., Cohen, S. J., Jacobsen, E., & Anderson, E. A. (1979). Evaluative judgments of aspects of life as a function of vicarious exposure to hedonic extremes. *Journal of Personality and Social Psychology, 37*, 247-260.

Diener, E. (1984). Subjective well-being. *Psychological Bulletin, 235*, 542-575.

Dohrenwend, B. S. (1965). Some effects of open and closed questions on respondents' answers. *Human Organization, 24*, 175-184.

Duden (1976). *Das große Wörterbuch der deutschen Sprache*. Mannheim: Bibliographisches Institut.

Duncan, O. D. (1984). Subjectivity and social facts. In C. F. Turner & E. Martin (Eds.), *Surveying Subjective Phenomena* (Vol. 1, pp. 10-14). New York: Russell Sage Foundation.

Duve, F., & Narr, W. D. (Hrsg.). (1978). *Russell-Tribunal - pro und contra. Dokumente zu einer gefährlichen Kontroverse*. Reinbek: Rowohlt.

Ekman, P. (Ed.). (1982). *Emotion in the human face. Second edition*. New York: Cambridge University Press.

Emmons, R. A., & Diener, E. (1985). Factors predicting satisfaction judgments: A comparative examination. *Social Indicators Research, 16*, 157-167.

Ericsson, K. A., & Simon, H. A. (1980). Verbal reports as data. *Psychological Review, 87*, 215-251.

Erikson, R. S. (1979). The SRC panel data and mass political attitudes. *British Journal of Political Science, 9*, 89-114.

Esser, H. (1986). Können Befragte lügen? Zum Konzept des "wahren Wertes" im Rahmen der handlungstheoretischen Erklärung von Situationseinflüssen bei der Befragung. *Kölner Zeitschrift für Soziologie und Sozialpsychologie, 38*, 314-336.

Fazio, R. H. (1986). How do attitudes guide hehavior? In R.M. Sorrentino & E.T. Higgins (Eds.), *Handbook of motivation and cognition. Foundations of social behavior* (pp. 204-243). New York: Guilford Press.

Fiedler, K. (1991). The tricky nature of skewed frequency tables: An information loss account of "distinctiveness-based illusory correlations". *Journal of Personality and Social Psychology, 60*, 24-36.

Gergen, K. J. (1973). Social psychology as history. *Journal of Personality and Social Psychology, 26*, 309-320.

Glatzer, W. (1984). Lebenszufriedenheit und alternative Maße subjektiven Wohlbefindens. In W. Glatzer & W. Zapf (Hrsg.), *Lebensqualität in der Bundesrepublik* (S. 177-191). Frankfurt: Campus.

Glatzer, W., & Zapf, W. (Hrsg.). (1984). *Lebensqualität in der Bundesrepublik. Objektive Lebensbedingungen und subjektives Wohlbefinden.* Frankfurt: Campus.

Grice, H. P. (1975). Logic and conversation. In P. Cole & J. L. Morgan (Eds.), *Syntax and semantics 3: Speech acts* (S. 41-58). New York: Academic Press.

Hagner, P. R. & McIver, J. P. (1980). Attitude stability and change in the 1976 election: a panel study. In J. C. Pierce & J. L. Sullivan (Hrsg.), *The Electorate Reconsidered.* Beverly Hills, CA.: Sage.

Hamilton, D. L., & Gifford, R. K. (1976). Illusory correlation in interpersonal perception: A cognitive basis of stereotypic judgments. *Journal of Experimental Social Psychology, 12*, 392-407.

Hartley, E. (1946). *Problems in Prejudice.* New York: Kings Crown Press.

Herr, P. M. (1986). Consequences of priming: Judgment and behavior. *Journal of Personality and Social Psychology, 51*, 1106-1115.

Herr, P. M., Sherman, S. J., & Fazio, R. H. (1983). On the consequences of priming: Assimilation and contrast effects. *Journal of Experimental Social Psychology, 19*, 323-340.

Herrmann, Th. (1985). *Allgemeine Sprachpsychologie.* München: Urban & Schwarzenberg.

Higgins, E. T. (1981). The "communication game": Implications for social cognition and persuasion. In E. T. Higgins, C. P. Herman, & M. P. Zanna (Hrsg.), *Social cognition: The Ontario Symposium* (Vol. 1, pp. 343-392). Hillsdale, NJ: Erlbaum.

Higgins, E. T., Bargh, J. A., & Lombardi, W. (1985). The nature of priming effects on categorization. *Journal of Experimental Psychology: Learning, Memory and Cognition, 11*, 59-69.

Higgins, E. T., & King, G. A. (1981). Accessibility of social constructs: Information-processing consequences of individual and contextual variability. In N. Cantor & J. F. Kihlstrom (Eds.), *Personality, cognition, and social interaction* (pp. 69-

121). Hillsdale, NJ: Erlbaum.

Higgins, E. T., & McCann, C. D. (1984). Social encoding and subsequent attitudes, impressions, and memory: "Context-driven" and motivational aspects of processing. *Journal of Personality and Social Psychology, 47*, 26-39 .

Higgins, E. T., Rholes, W. S., & Jones, C. R. (1977). Category accessibility and impression formation. *Journal of Experimental Social Psychology, 13,* 141-154.

Hilton, D. J., & Slugoski, B. R. (1986). Knowledge-based causal attribution: The abnormal conditions focus model. *Psychological Review, 93*, 75-88.

Hippler, H. J., & Schwarz, N. (1986). Not forbidding isn't allowing: The cognitive basis of the forbid-allow asymmetry. *Public Opinion Quarterly, 50*, 87-96.

Hippler, H. J., & Schwarz, N. (1987). Response effects in surveys. In Hippler, H. J., Schwarz, N., & Sudman, S. (Hrsg.), *Social Information Processing and Survey Methodology* (pp. 102-112). New York: Springer.

Hippler, H. J., Schwarz, N., & Strack, F. (1984). Kognitive Wertaktivierung und politische Einstellungen. In A. Stiksrud (Hrsg.), *Jugend und Werte. Aspekte einer Politischen Psychologie des Jugendalters* (S. 89-97). Weinheim: Beltz.

Hippler, H. J., Schwarz, N., & Sudman, S. (Eds.). (1987). *Social information processing and survey methodoloy*. New York: Springer.

Hofer, M. (1986). *Sozialpsychologie erzieherischen Handelns*. Göttingen: Hogrefe.

Holm, K. (1974). Theorie der Fragebatterie. *Kölner Zeitschrift für Soziologie und Sozialpsychologie, 26,* 316-341.

Hyman, H. (1954). *Interviewing in Social Research*. Chicago: University of Chicago Press.

Hyman, H. H., & Sheatsley, P. B. (1950). The current status of American public opinion. In J. C. Payne (Ed.), *The teaching of contemporary affairs* (S. 11-34). Washington, D.C.: National Council for the Social Studies.

Inglehart, R. (1977). *The Silent Revolution*. Pinceton: Princeton University Press.

Ingram, R. E. (Ed.). (1986). *Information processing approaches to clinical psychology*. Orlando: Academic Press.

Irle, M. (1983). Umfrageforschung - Auch in Zukunft der "Königsweg" der empirischen Sozialforschung? In M. Kaase, W. Ott, & E. K. Scheuch (Hrsg.), *Empirische Sozialforschung in der modernen Gesellschaft* (S. 55-67). Frankfurt: Campus Verlag.

Iyengar, S., Kinder, D. R., Peters, M. D., & Krosnick, J. A. (1984). The evening news and presidential evaluations. *Journal of Personality and Social Psychology, 46*, 778-787.

Jabine, B., Straf, L., Tanur, M., & Tourangeau, R. (Eds.). (1984). *Cognitive aspects of survey methodology: Building a bridge between disciplines*. Washington, D.C.: National Academy Press.

Jones, E. E., & Davis, K. E. (1965). From acts to dispositions: The attribution process in person perception. In L. Berkowitz (Ed.), *Advances in experimental social psychology* (Vol. 2, pp. 219-266). New York: Academic Press.

Kaase, M. (1986). Das Mikro-Makro-Puzzle der empirischen Sozialforschung. *Kölner Zeitschrift für Soziologie und Sozialpsychologie, 38*, 209-222.

Kahneman, D., Slovic, P., & Tversky, A. (Eds.). (1982). *Judgment under uncertainty: Heuristics and biases*. New York: Cambridge University Press.

Kelley, H. H. (1967). Attribution theory in social psychology. In D. Levine (Ed.), *Nebraska Symposium on Motivation* (Vol. 15, pp. 192-240). Lincoln: University of Nebraska Press.

König, R. (1967). Die Beobachtung. In König, R. (Hrsg.), *Handbuch der empirischen Sozialforschung* (Vol. 2, S. 1 - 65). Stuttgart: Enke.

Kommer, D., Schwarz, N., Strack, F., & Bechtel, G. (1986). Informationsverarbeitung bei depressiven Störungen. *Zeitschrift für Klinische Psychologie, Psychotherapie und Psychopathologie, 34*, 127-139.

Kruskal, W. H. (1984). Measurement and error: Some fundamentals. In C. F. Turner & E. Martin (Eds.), *Surveying Subjective Phenomena* (Vol. 1, pp. 97-106). New York: Russell Sage Foundation.

Kubovy, M. (1978). Response availability and the apparent spontaneity of numerical choices. *Journal of Experimental Psychology: Human Perception and Performance, 3*, 359-364.

Kuhn, T. S. (1967). *Die Struktur wissenschaftlicher Revolutionen*. Frankfurt: Suhrkamp.

Lachman, R., Lachman, J. L., & Butterfield, E. C. (1979). *Cognitive psychology and information processing. An introduction*. Hillsdale, NJ: Erlbaum.

Lehman, D. R., Ellard, J. H., & Wortman, C. B. (1986). Social support for the bereaved: Recipients' and providers' perspectives on what is helpful. *Journal of Consulting and Clinical Psychology, 54*, 438-446.

Levinson, S. (1983). *Pragmatics*. Cambridge: Cambridge University Press.

LeVois, M., Nguyen, T. D., & Atkisson, C. C. (1981). Artifact in client satisfaction assessment. Experience in community mental health settings. *Evaluation and Programm Planning, 4*, 139-150.

Lingle, J. H., & Ostrom, T. M. (1979). Retrieval selectivity in memory-based impression judgments. *Journal of Personality and Social Psychology, 37*, 180-194.

Lombardi, W., Higgins, E. T., & Bargh, J. A. (1987). The role of consciousness in priming effects on categorization: Assimilation versus contrast as a function of awareness of the priming task. *Personality and Social Psychology Bulletin, 13*, 411-429.

Loftus, E. (1979). *Eyewiteness testimony*. Cambridge, Mass.: Harvard University Press.

Lukesch, H. (1983). *Die Geburtsangstskala*. Göttingen: Hogrefe.

Lyons, W. (1986). *The disappearance of introspection*. Cambridge, Massachusetts: MIT Press.

Markus, H., & Wurf, E. (1987). The dynamic self-concept: A social psychological perspective. In M. R. Rosenzweig & L. W. Porter (Eds.), *Annual review of psychology* (Vol. 38, pp. 299-337). Palo Alto, CA: Annual Reviews Inc.

Markus, H., & Zajonc, R. B. (1985). The cognitive perspective in social psychology. In G. Lindzey & E. Aronson (Eds.), *Handbook of social psychology* (Vol. 1, pp. 137-230). New York: Random House.

Martin, E. (1984a). The question-and-answer process. In C. F. Turner & E. Martin (Eds.), *Surveying Subjective Phenomena* (Vol. 1, pp. 279-287). New York: Russell Sage Foundation.

Martin, E. (1984b). The tasks posed by survey questions. In C. F. Turner & E. Martin (Eds.), *Surveying subjective phenomena* (Vol. 1, pp. 295-300). New York: Russell Sage Foundation.

Martin, L. L. (1986). Set/reset: The use and disuse of concepts in impression formation. *Journal of Personality and Social Psychology, 51*, 493-504.

Metzner, H., & Mann, F. (1953). Effects of grouping related questions in questionnaires. *Public Opinion Quarterly, 17*, 136-141.

Mummendey, H.D., & Bolten, H.G. (1985). Die Impression-Management-Theorie. In D. Frey & M. Irle (Hrsg.), *Theorien der Sozialpsychologie. Band III: Motivations- und Informationsverarbeitungstheorie* (pp. 57-77). Bern: Huber.

Nebel, A., Strack, F., & Schwarz, N. (1989). Tests als Treatment. Wie die psychologische Messung ihren Gegenstand verändert. *Diagnostica, 35*, 191-200.

Nisbett, R. E., & Wilson, T. D. (1977). Telling more than we can know: Verbal reports on mental processes. *Psychological Review, 84*, 231-259.

Ostrom, T. M., & Upshaw, H. S. (1968). Psychological perspective and attitude change. In A. G. Greenwald, T. C. Brook & T. M. Ostrom (Eds.), *Psychological foundations of attitudes* (S. 217-242). New York: Academic Press.

Payne, S.L. (1951). *The Art of Asking Questions*. Princeton: Princeton University Press.

Petty, R. E., & Cacioppo, J. T. (1986). The elaboration-likelihood model of persuasion. In L. Berkowitz (Ed.), *Advances in experimental social psychology* (Vol. 19, pp. 123-205). Orlando: Academic Press.

Phillips, D.L., & Clancy, K.J. (1972). Some effects of "social desirability" in survey studies. *American Journal of Sociology, 77*, 921-940.

Reisman, J.M., & Yamakowski, T. (1974). Psychotherapy and friendship: An analysis of the communications of friends. *Journal of Counseling Psychology, 30*, 121-125.

Rugg, D. (1941). Experiments in wording questions: II. *Public Opinion Quarterly, 5*, 91-92.

Salancik, G. R., & Conway, M. (1975). Attitude inferences from salient and relevant cognitive content about behavior. *Journal of Personality and Social Psychology, 32*, 829-840.

Scheuch, E. K. (1967). Das Interview in der Sozialforschung. In König, R. (Hrsg.), *Handbuch der empirischen Sozialforschung* (Vol. 2, S. 66-190). Stuttgart: Enke.

Schlenker, B. R. (1980). *Impression management. The self-concept, social identity, and interpersonal relations*. Monterey, CA.: Brooks-Cole.

Schneider, W., & Shiffrin, R. M. (1977). Controlled and automatic human information processing: I. Detection, search, and attention. *Psychological Review, 84*, 1-66.

Schuman, H., & Converse, J. (1971). The effects of black and white interviewers on black responses in 1968. *Public Opinion Quarterly, 35*, 44-68.

Schuman, H., & Ludwig, J. (1983). The norm of even-handedness in surveys as in life. *American Sociological Review, 48*, 112-120.

Schuman, H., & Presser, S. (1979). The open and closed question. *American Socionlogical Review, 44,* 692-712.

Schuman, H., & Presser, S. (1981). *Questions and answers in attitude surveys.* Orlando: Academic Press.

Schuman, H., Presser, S., & Ludwig, J. (1981). Context effects on survey responses to questions about abortion. *Public Opinion Quarterly, 45,* 216-223.

Schuman, H., & Scott, J. (1987). Problems in the use of survey questions to measure public opinion. *Science, 236,* 957-959.

Schwarz, N. (1987). *Stimmung als Information. Untersuchungen zum Einfluß von Stimmungen auf die Bewertung des eigenen Lebens.* Göttingen: Hogrefe.

Schwarz, N., Bless, H., Strack, F., Klumpp, G., Rittenauer-Schatka, H., & Simons, A. (1991). Ease of retrieval as information: Another look at the availability heuristic. *Journal of Personality and Social Psychology, 61,* 195-202.

Schwarz, N., & Clore, G. L. (1983). Mood, misattribution, and judgments of well-being: Informative and directive functions of affective states. *Journal of Personality and Social Psychology, 45,* 513-523.

Schwarz, N., Hippler, H. J., Deutsch, B., & Strack, F. (1985). Response scales: Effects of category range on reported behavior and comparative judgments. *Public Opinion Quarterly, 49,* 388-495.

Schwarz, N., Käuper, B., H. J. Hippler, Noelle-Neumann, E., & Clark, L. (1991). Rating scales: Numeric values may change the meaning of scale labels. *Public Opinion Quaterly, 55,* 570-582.

Schwarz, N., & Strack, F. (1981). Manipulating salience: Causal assessment in natural settings. *Personality and Social Psychology Bulletin, 7,* 554-558.

Schwarz, N., Strack, F., Kommer, D., & Wagner, D. (1987). Soccer, rooms, and the quality of your life: Mood effects on judgments of satisfaction with life in general and with specific domains. *European Journal of Social Psychology, 17,* 69-79.

Schwarz, N., Strack, F., Müller, G., & Chassein, B. (1988). The range of response alternatives may determine the meaning of the question: Further evidence on informative functions of response alternatives. *Social Cognition, 6*, 107-117.

Searle, J. R. (1975). A taxonomy of illocutionary acts. In K. Gunderson (Ed.), *Minnesota Studies in the Philosophy of Language* (pp. 344-369). Minneapolis: University of Minnesota Press.

Searle, J. R. (1975). Indirect speech acts. In P. Cole & J. L. Morgan (Eds.), *Syntax and semantics, Vol.3: Speech acts* (pp. 59-82). New York: Seminar Press.

Sears, D. O., & Lau, R. R. (1983). Inducing apparently self-interested political preferences. *American Journal of Political Science, 27*, 223-252.

Sears, D. O., & Lau, R. R. (Eds.). (1986). *Politcal cognition: The 19th annual Carnegie symposium on cognition*. Hillsdale, NJ: Erlbaum.

Selz, O. (1913). *Über die Gesetze des geordneten Denkverlaufs*. Stuttgart: Speemann.

Shiffrin, R. M., & Schneider, W. (1977). Controlled and automatic human information processing: II. Perceptual learning, automatic attending, and general theory. *Psychological Review, 84*, 127-190.

Smith, T. W. (1979). Happiness: Time trends, seasonal variations, inter-survey differences, and other mysteries. *Social Psychology Quarterly, 42*, 18-30.

Smith, T.W. (1984). Nonattitudes: A review and evaluation. In C.F. Turner & E. Martin (Eds.), *Surveying Subjective Phenomena* (Vol. 2, pp. 215-255). New York: Russell Sage Foundation.

Sperber, D., & Wilson, D. (1986). *Relevance. Communication and cognition*. Cambridge, Mass.: Cambridge University Press.

Srull, T. K. & Wyer, R. S. (1979). The role of category accessibility in the interpretation of information about persons: Some determinants and implications. *Journal of Personality and Social Psychology, 37*, 1660-1672.

Srull, T. K., & Wyer, R. S. (1980). Category accessibility and social perception: Some implications for the study of person memory and interpersonal judgments. *Journal of Personality and Social Psychology, 38*, 841-856.

Stahlberg, D., Osnabrügge, G., & Frey, D. (1985). Die Theorie des Selbstwertschutzes und der Selbstwerterhöhung. In Frey, D., & Irle, M. (Hrsg.), *Theorien der Sozialpsychologie. Band III: Motivations- und Informationsverarbeitungstheorien* (Vol. , S. 79-124). Bern: Huber.

Steinert, H. (1984). Das Interview als soziale Interaktion. In H. Meulemann & K.H. Reuband (Hrsg.), *Soziale Realität im Interview. Empirische Analysen methodischer Probleme*. Frankfurt.

Stepper, S., & Strack, F. (1993). Proprioceptive determinants of emotional and nonemotional feelings. *Journal of Personality and Social Psychology, 64*, 211-220.

Strack, F. (1987). Soziale Informationsverarbeitung . In D. Frey & S. Greif (Hrsg.), *Sozialpsychologie. Ein Handbuch in Schlüsselbegriffen* (S. 306-311). München: Psychologie Verlags Union.

Strack, F. (1988). Social Cognition: Sozialpsychologie innerhalb des Paradigmas der Informationsverarbeitung. *Psychologische Rundschau, 39*, 72-82.

Strack, F. (1992). "Order effects" in survey research: Activative and informative functions of preceding questions. In N. Schwarz & S. Sudman (Eds.), *Order effects in survey research*. New York: Springer.

Strack, F., Argyle, M., & Schwarz, N. (Hrsg.). (1991). *Subjective well-being. An interdisciplinary perspective*. Oxford: Pergamon Press.

Strack, F., Erber, R., & Wicklund, R. (1982). Effects of salience and time pressure on ratings of social causality. *Journal of Experimental Social Psychology, 18*, 581-594.

Strack, F., & Martin, L. L. (1987). Thinking, judging, and communicating: A process account of context effects in attitude surveys. In H. J. Hippler, N.

Schwarz, & S. Sudman (Eds.), *Social Information Processing and Survey Methodology* (pp. 123-148). New York: Springer.

Strack, F., Martin, L. L., & Schwarz, N. (1988). Priming and communication: Social determinants of information use in judgments of life satisfaction . *European Journal of Social Psychology, 18*, 429-442.

Strack, F., Schwarz, N., Bless, H., Kübler, A., & Wänke, M. (in press). Awareness of the influence as a determinant of assimilation vs. contrast. *European Journal of Experimental Social Psychology.*

Strack, F., Schwarz, N., Chassein, B., Kern, D., & Wagner, D. (1990). The salience of comparison standards and the activation of social norms: Consequences for judgments of happiness and their communication. *British Journal of Social Psychology, 29,* 303-314.

Strack, F., Schwarz, N., & Gschneidinger, E. (1985). Happiness and reminiscing: The role of time perspective, affect, and mode of thinking. *Journal of Personality and Social Psychology, 49*, 1460-1469.

Strack, F., Schwarz, N., & Nebel, A. (1990). *Happiness and anticipating the future: affective and cognitive consequences*. General Meeting of the European Association of Experimental Social Psychology, Budapest, Ungarn.

Strack, F., Schwarz, N., & Wänke, M. (1991). Semantic and pragmatic aspects of context effects in social and pychological research. *Social Cognition, 9*, 111-125.

Strack, F., Schwarz, N., Weidner, R., Hippler, G., & Schwarz, R. (1983). Politische Einschüchterung als sozialpsychologisches Problem. In J. Haisch (Hrsg.), *Angewandte Sozialpsychologie* (S. 195-210). Bern: Huber.

Sudman, S., & Bradburn, N. (1974). *Response effects in surveys. A review and synthesis*. Chicago: Aldine.

Sudman, S., & Bradburn, N. (1982). *Asking questions. A practical guide to questionnaire design*. San Franciso: Jossey-Bass.

Tajfel, H. (1981). *Human Groups and Social Categories: Studies in Social Psychology*. Cambridge: Cambridge University Press.

Taylor, S. E., Wood, J. V., & Lichtman, R. R. (1983). It could be worse: Selective evaluation as a response to victimization. *Journal of Social Issues, 39*, 19-40.

Tedeschi, J. T. (1981). *Impression management. Theory and social psychological research*. New York: Academic Press.

Trussell, R. E., & Elinson, J. (1959). *Chronic Illness in a Rural Area: The Hunterdon Study*. Cambridge, Mass.: Harvard University Press.

Tulving, E. (1983). *Elements of Episodic Memory*. London: Oxford University Press.

Turner, C. F. (1984). Why do surveys disagree? Some preliminary hypotheses and some disagreeable examples. In C. F. Turner & E. Martin (Eds.), *Surveying Subjective Phenomena* (Vol. 2, S. 159-214). New York: Russell Sage Foundation.

Turner, C. F., & Martin, E. (Eds.). (1984). *Surveying Subjective Phenomena*. New York: Russell Sage Foundation.

Veenhoven, R. (1984). *Conditions of happiness*. Dordrecht: Reidel.

Wills, T. A. (1981). Downward comparison principles in social psychology. *Psychological Bulletin, 90*, 245-271.

Wood, J. V., Taylor, S. E., & Lichtman, R. R. (1985). Social comparison in adjustment to breast cancer. *Journal of Personality and Social Psychology, 49*, 1169-1183.

Wyer, R. S. (1974). Changes in meaning and halo effects in personality impression formation. *Journal of Personality and Social Psychology, 29*, 829-835.

Wyer, R. S., & Srull, T. K. (1981). Category accessibility: Some theoretical and empirical issues concerning the processing of social stimulus information. In E. T. Higgins, C. P. Herman, & M. P. Zanna (Eds.), *Social cognition: The Ontario Symposium* (Vol. 1, S. 161-197). Hillsdale, NJ: Erlbaum.

Wyer, R. S., & Srull, T. K. (Eds.). (1984). *Handbook of social cognition* (Vol. *1-3*). Hillsdale, NJ: Erlbaum.

Wyer, R. S., & Srull, T. K. (1986). Human cognition in its social context. *Psychological Review, 93*, 322-359.

Personenverzeichnis

Achen, C. H. 19, 134
Anderson, E. A. 91, 135, 137
Andrews, F. M. 80, 111, 114, 134
Archer, R. L. 120, 134
Argyle, M. 2, 147
Arps, K. 136
Asch, S. E. 134
Atkisson, C. C. 9, 34, 142
Atteslander, P. 33, 35, 37, 134
Austin, J. L. 100, 134
Bargh, J. A. 48, 57, 58, 94, 134, 139, 142
Bartlett, F. C. 46, 134
Baumeister, R. F. 117, 134
Beaman, A. L. 136
Bechtel, G. 80, 141
Bem, D. J. 40, 78, 114, 135
Bennett, S. E. 17, 135
Berg, J. H. 120, 134
Bishop, G. F. 17-19, 79, 135
Bisson, S. 130, 135
Blair, E. 28, 135
Bless, H. 2, 79, 95, 145, 148
Bodenhausen, G. V. 69, 135
Bolten, H. G. 117, 143

Bradburn, N. 10, 20, 21, 23, 24, 26-28, 31, 34, 36, 42, 115, 135, 148
Bruner, J. S. 41, 46, 49, 136
Bühler, K. 2, 60, 100, 136
Butler, R. N. 93, 136
Butterfield, E. C. 44, 142
Cacioppo, J. T. 10, 144
Campbell, A. 8-10, 15, 136
Cantril, H. 22, 23, 136
Carlston, D. C. 69, 136
Chassein, B. 2, 54, 67, 82, 116, 121, 136, 145, 148
Cialdini, R. B. 119, 136
Clancy, K. J. 15, 144
Clark, H. H. 51, 52, 67, 101, 136, 137, 145
Clore, G. L. 80, 92, 93, 145
Cohen, S. J. 91, 137
Coleman, P. 93, 137
Converse, J. 35, 36
Converse, P. E. 16, 19
Conway, M. 40, 78, 144
Crowne, D. 14, 15, 18, 21, 137
Davis, J. A. 28

Davis, K. E. 47
DeMaio, T. J. 14, 137
Dermer, M. 91, 137
Deutsch, B. 54, 115, 145
Diener, E. 15, 105, 108, 137, 138
Dohrenwend, B. S. 28, 137
Duncan, O. D. 7, 137
Duve, F. 74, 138
Ekman, P. 6, 138
Elinson, J. 26, 149
Ellard, J. H. 119, 142
Emmons, R. A. 105, 108, 138
Erber, R. 48, 147
Ericsson, K. A. 7, 138
Erikson, R. S. 19, 138
Esser, H. 33, 37-41, 138
Fazio, R. H. 71, 131, 138, 139
Fiedler, K. 49, 138
Frey, D. 39, 143, 147
Fultz, J. 136
Gergen, K. J. 44, 138
Gifford, R. K. 49, 139
Glatzer, W. 10, 34, 118, 138
Goodman, C. D. 41, 136
Grice, H. P. 51, 100, 139
Gschneidinger, E. 48, 80, 148
Hagner, P. R. 19, 139

Hamilton, D. L. 49, 139
Hartley, E. 17, 139
Haviland, S. E. 101, 137
Herr, P. M. 71, 81, 89, 91, 139
Herrmann, Th. 53, 139
Higgins, E. T. 48, 57, 58, 65, 69, 81, 94, 117, 138-140, 142, 149
Hilton, D. J. 101, 140
Hippler, G. 74
Hippler, H. J. 29, 31, 43, 49, 54, 67, 77, 115, 135, 145, 147
Hofer, M. 49, 140
Holm, K. 37, 140
Hormuth, S. 120, 134
Houlihan, D. 136
Hyman, H. 24, 35, 36, 77, 140
Inglehart, R. 140
Ingram, R. E. 49, 140
Irle, M. 2, 131, 141, 143, 147
Iyengar, S. 72, 129, 132, 141
Jabine, B. 43, 49, 141
Jacobsen, E. 91, 137
Johnson, M. K. 60, 135
Jones, C. R. 48, 58, 65
Jones, E. E. 47
Kaase, M. 16, 141
Kahneman, D. 49, 141

Kelley, H. H. 47, 141
Kern, D. 82, 121, 148
Kinder, D. R. 72, 102, 129, 141
King, G. A. 57, 139
Klumpp, G. 79, 145
Kneubühler, H. U. 33, 35, 37, 134
Kommer, D. 80, 141, 145
König, R. 4, 141, 144
Kruskal, W. H. 9, 141
Kübler, A. 95, 148
Kubovy, M. 94, 142
Kuhn, T. S. 43, 142
Lachman, J. L. 44
Lachman, R. 43
Lau, R. R. 49, 72, 146
Lehman, D. R. 119, 142
Levinson, S. 51, 101, 142
LeVois, M. 9, 34, 118, 120, 142
Lichtman, R. R. 119, 149
Lingle, J. H. 69, 142
Loftus, E. 49, 142
Lombardi, W. 48, 94, 95, 99, 139, 142
Ludwig, J. 77, 104, 144, 145
Lukesch, H. 73, 142
Lyons, W. 8, 142
Mann, F. 26, 143

Markus, H. 40, 44, 143
Marlow, D. 14, 15, 18, 21, 137
Martin, E. 5, 8, 13, 137, 142, 143, 146, 149
Martin, L. L. 25, 53, 80, 94
Mason, W. M. 26, 135
McCann, C. D. 69, 140
McIver, J. P. 19, 139
McKennell, A. C. 80, 111, 114, 134
Metzner, H. 26, 143
Müller, G. 54, 67, 145
Mummendey, H. D. 117, 143
Narr, W. D. 74, 138
Nebel, A. 2, 73, 91, 143, 148
Nguyen, T. D. 9, 34, 142
Nisbett, R. E. 7, 143
Oldendick, R. W. 17, 79, 135
Osnabrügge, G. 39, 147
Ostrom, T. M. 51, 69, 116, 142, 143
Payne, S. L. 23, 29, 140, 143
Peters, M. D. 72, 129, 141
Petty, R. E. 10, 144
Phillips, D. L. 15, 144
Pietromonaco, P. 48, 58, 134
Postman, L. 46, 136

Rehm, J. 130, 135
Reisman, J. M. 120, 144
Rholes, W. S. 48, 58, 65, 140
Rittenauer-Schatka, H. 79, 145
Rodrigues, J. 46, 136
Rugg, D. 29, 144
Salancik, G. R. 40, 78, 144
Schaller, M. 136
Scheuch, E. K. 1, 141, 144
Schlenker, B. R. 34, 42, 52, 117, 118, 120, 144
Schneider, W. 57, 95, 144, 146
Schuman, H. 10, 17-19, 23-31, 35, 36, 42, 77, 102, 104, 144, 145
Schwarz, N. 2, 29, 31, 43, 48, 54, 59, 67, 73, 74, 77, 79, 80, 82, 91-93, 95, 115, 116, 121, 131, 135, 147
Schwarz, R. 148
Scott, J. 27, 145
Searle, J. R. 100, 146
Sears, D. O. 49, 72, 146
Selz, O. 46, 146
Sheatsley, P. B. 24, 77, 140
Sherman, S. J. 71, 139
Shiffrin, R. M. 57, 95, 144, 146
Simon, H. A. 7, 138
Simons, A. 145
Slovic, P. 49, 141
Slugoski, B. R. 101, 140
Smith, T. W. 9, 16, 19, 25, 26, 34, 118, 120, 123, 146
Sperber, D. 60, 146
Srull, T. K. 43, 47, 48, 57, 58, 65, 70, 81, 105, 134, 146, 149, 150
Stahlberg, D. 39, 147
Steinert, H. 37, 147
Stepper, S. 2, 79, 147
Stocking, C. B. 21, 28, 135
Strack, F. 1, 2, 24, 43, 48, 53, 54, 59, 61, 67, 73, 74, 77, 79, 80, 82, 90-92, 95, 115, 116, 121, 122, 131, 132, 136, 140, 141, 143, 145, 147, 148
Straf, L. 141
Sudman, S. 10, 23, 28, 34, 36, 43, 115, 135, 140, 147, 148
Tajfel, H. 92, 148
Tanur, M. 141
Taylor, S. E. 119, 149
Tedeschi, J. T. 52, 149
Tourangeau, R. 141
Trussell, R. E. 26, 149
Tuchfarber, A. J. 17, 79, 135

Tulving, E. 94, 149

Turner, C. F. 5, 8, 9, 31, 32, 137, 142, 143, 146, 149

Tversky, A. 49, 141

Upshaw, H. S. 51, 116, 143

Veenhoven, R. 15, 110, 149

Wagner, D. 2, 80, 82, 121, 145, 148

Wänke, M. 59, 95, 148

Weidner R. 74, 148

Wicklund, R. 48, 147

Wilkes-Gibbs, D. 52, 137

Wills, T. A. 119, 149

Wilson, D. 7, 60

Wilson, T. D. 7

Wood, J. V. 119, 149

Wortman, C. B. 119, 142

Wurf, E. 40, 143

Wyer, R. S. 2, 43, 47, 48, 57, 58, 65, 69, 70, 81, 105, 117, 134, 135, 146, 149, 150

Yamakowski, T. 120, 144

Zajonc, R. B. 44, 143

Zapf, W. 34, 118, 138

SACHWORTREGISTER

Antwort
    Edieren 53
    Fehler 10
    Format 1, 115
    ,Formulierung der 28
    Skala 53, 59 62, 66-68, 87, 108, 113-118, 121f, 125f

Befragter
    ,Merkmale des 3, 13, 20, 50
    ,stabile Merkmale des 3

Befragung
    Grundmodell 12
    Standardtheorie 2f, 8f, 132

Befragungssituation 32, 73

Beobachtung 2, 4-8, 129, 131

Crowne-Marlow-Skala 15, 18, 21

Einstellung 6, 16f, 19, 27, 40, 64, 69, 78

Fehler und "Wahrer Wert" 9, 32, 128, 130

Fehlerquellen 3, 7, 11, 13f, 21

Frage
    ,allgemeine 25, 104
    ,Formulierung der 27
    ,Merkmale der 3, 13, 21, 23, 42, 126
    ,offene/geschlossene 27
    ,spezielle 25f, 104f, 108

Fragebogen 9, 32, 34, 73, 83, 85f, 105, 113, 121f

Geburtsangstskala 73

Gedächtnis 44, 46f, 49, 68-70, 81, 94, 103

Glück 2, 80, 90, 110, 111, 113, 114

Gricesches Kooperationsprinzip 60, 100

Heuristik 49

Information
    aktivierte 91, 94, 98
    automatisch interpretierte 57ff
    kontrolliert interpretierte 57ff
    mehrdeutige 57

Informationsverarbeitung 3, 43-47, 53f, 61, 96, 124, 127f, 130

Interviewsituation 9, 34

Interviewer 33, 35

Introspektion 2, 7-9, 125

Kommunikationsregeln, siehe Grice

Konsistenzeffekt 25
Meinung
  Bildung 54, 68f
  Generieren 53
Meßinstrument 5, 125
Messung 4, 10, 15, 32, 50, 129
Meßwert 1
Motivation/motivational 3, 14, 18f, 21, 36, 59, 125
non-attitudes 14, 16-19
normative Standards 70, 76
Nutzenmaximierung 37, 40
Panelstudie 16
Paradigma 3, 43f, 46f, 125
Paradigma der Informationsverarbeitung 3, 44, 46f
Radikalenerlaß 74, 75, 131
Reihefolgeeffekte
  Assimilation 71, 81f, 90, 94, 99
  Kontrast 71, 81-83, 90-92, 94f, 98-100, 124
Repräsentation 44
Reziprozitätsnorm 77
Selbstdarstellung 34, 40, 51, 117f, 120, 123f
Selbsturteile 48, 92

Selbstverständnis der Sozialpsychologie 44
Selbstwahrnehmungstheorie 40
Sequentielles Modell der Informationsverarbeitung 54
social cognition 3, 43, 45, 49f, 53, 60, 126, 131, 133
Soziale Erwünschtheit 14, 34, 37f, 41, 118
Standardtheorie, siehe Befragung
Stichprobenfehler 10
Stimmung 6, 80, 93, 113f
Umfrageforschung 8, 10f, 13, 16, 27, 38, 43, 49, 52, 59, 104, 120, 123, 131-133
Urteilsbildung 2, 47, 51-53, 61, 68-70, 73f, 81, 83, 99, 103, 105, 113f, 131f
Urteil
  Dimension 71, 82f, 86, 88f
  Zeitpunkt des 47f, 72f, 78, 85, 89
Verankerungseffekte 116
Verfügbarkeit 47-49, 57f, 62, 65f, 70, 72f, 75, 78, 82, 85, 89, 94, 104, 106, 120, 131f
Vergleichsdimension 83, 86-88

Verhalten 6, 17f, 21, 28, 34, 37, 44f, 47, 66, 74, 76, 78-80, 117f, 120, 124, 130-133

"Wahrer Wert" und Fehler 9, 13, 32, 128-130

Wertetypen (materialistische/postmaterialistische) 78

Wohlbefinden 7, 9f, 20, 80, 82, 90f, 93, 104f, 108, 118, 120-122, 124

Zufriedenheit
,allgemeine 2, 10, 15, 25f, 80, 86-90, 105, 108, 111
,spezielle 2, 25f, 87, 105

Springer-Verlag und Umwelt

Als internationaler wissenschaftlicher Verlag sind wir uns unserer besonderen Verpflichtung der Umwelt gegenüber bewußt und beziehen umweltorientierte Grundsätze in Unternehmensentscheidungen mit ein.

Von unseren Geschäftspartnern (Druckereien, Papierfabriken, Verpackungsherstellern usw.) verlangen wir, daß sie sowohl beim Herstellungsprozeß selbst als auch beim Einsatz der zur Verwendung kommenden Materialien ökologische Gesichtspunkte berücksichtigen.

Das für dieses Buch verwendete Papier ist aus chlorfrei bzw. chlorarm hergestelltem Zellstoff gefertigt und im ph-Wert neutral.